Schriften des deutschen Vereins

für

Armenpflege und Wohltätigkeit.

Dreiundsechzigstes Heft.

E. Münsterberg, Das Elberfelder System.

Leipzig,
Verlag von Duncker & Humblot.
1903.

Das

Elberfelder System.

Festbericht
aus Anlaß des fünfzigjährigen Bestehens der Elberfelder
Armenordnung

erstattet

von

Stadtrat Dr. Münsterberg-Berlin.

Leipzig,
Verlag von Duncker & Humblot.
1903.

Alle Rechte vorbehalten.

Inhaltsverzeichnis.

	Seite
Literatur des Elberfelder Systems.	1— 4
I. Der Grundgedanke des Elberfelder Systems in Geschichte und Theorie	5—16
II. Die Hauptstücke des Systems.	16—37

    1. Die Individualisierung S. 17. — 2. Das Bezirks- und Quartiersystem S. 21. — 3. Die Dezentralisation S. 22. — 4. Frauen in der Armenpflege S. 30. — 5. Die Tätigkeit der Zentralstellen S. 33.

| III. Die Erfolge des Elberfelder Systems . . . . | 38—54 |

    1. Finanzielle und soziale Wirkungen S. 38. — 2. Verbreitung in Deutschland S. 43. — 3. Verbreitung im Auslande S. 46.

Literatur des Elberfelder Systems.

Die nachfolgenden Literaturangaben enthalten lediglich die unmittelbar auf das Elberfelder System sich beziehenden Schriften mit Ausschluß der Armenordnungen, Satzungen, Geschäftsanweisungen usw., sowie der Verwaltungsberichte einzelner Armenverwaltungen.

Armenordnung für die Stadt Elberfeld. Geschäftsordnung für die städtische Armenverwaltung. Geschäftsordnung für die Bezirksvorsteher und Armenpfleger. Vom 9. Juli 1852. Wiedergeprüft am 4. Januar 1861, am 21. November 1876 und am 2. Dezember 1890.

Zur Geschichte der Elberfelder Armenpflege. Die Elberfelder allgemeine Armenanstalt. Veröffentlicht im „Täglichen Anzeiger für Berg und Mark", November/Dezember 1901.

Die Neuordnung des Armenwesens der Stadt Elberfeld vor 50 Jahren. Jubiläumsfestschrift der städtischen Armenverwaltung 1903. 144 S. Elberfeld, Baedekersche Buchhandlung, A. Martini & Grüttefien.

Der Großvater. Ein Lebensbild, gezeichnet von A. Z. Enthält auf S. 96—126 eine Darstellung des Elberfelder Systems von Oberbürgermeister Lischke. Stuttgart, Gebr. Kröner, 1881.

Böhmert, Das Armenwesen in 77 deutschen Städten und einigen Landarmenverbänden. Speziell S. 49 ff. Die Elberfelder Armenpflege. Dresden 1888.

Berthold, Die offene Armenpflege in der Stadt Elberfeld im Juni 1881. 6 S. Elberfeld 1881.

Brinkmann, Das Elberfelder System und seine gegenwärtige Gestaltung. Preuß. Verwaltungsblatt XIX. Jahrg. 1898.

Ehrle, Beiträge zur Geschichte und Reform der Armenpflege. V. Elberfelder Außenarmenpflege. Freiburg 1881.

Goltz, v. d., Das Elberfelder Armenpflegesystem. Vortrag. Straßburg 1894. 23 S.

Lammers, Das Armenwesen in Elberfeld. S. 89—97 des Werkes: Emminghaus, Das Armenwesen und die Armengesetzgebung in europäischen Staaten. Berlin, F. A. Herbig, 1870.

Münsterberg, Armenpflege. Handwörterbuch der Staatswissenschaften. 2. Aufl. 1. Bd. S. 1180 ff. Jena, G. Fischer, 1898.

Röstel, Praktische Erfahrungen mit dem Elberfelder Armenpflegesystem. Vortrag 1882.

Seyffardt, Die Reform des Armenwesens. Krefeld 1874.

Das Elberfelder System in der Großstadt. Blätter f. d. Armenwesen der Stadt Wien. Februar 1902.

Das Elberfelder Armenpflege-System. Referat von Bürgermeister Baecker-Schleusinger auf dem sächs. Städtetage zu Groß-Salze. Deutsche Gemeindezeitung, 3. Januar 1903.

Das E. S. und seine verschiedenartige Ausgestaltung. Sep.-Abdr. a. d. Blättern f. soz. Praxis 1893, von Matthes, Ln. und Seyffardt.

Brinkmann-Zimmermann, Ehrenamtliche und berufsamtliche Tätigkeit in der städtischen Armenpflege. Schriften des Vereins, Heft 18. 1894.

Kayser-Hildebrand, Die Stellung der ehrenamtlichen Organe in der Armenpflege. Schriften, Heft 49, 1900.

Armenpflege und Wohltätigkeit in den Städten Westpreußens im Jahre 1897. Enthalten in den Aktenstücken des 6. westpreuß. Städtetages, abgehalten in Culm am 23. August 1897. 6. Sammlung. Herausgegeben vom Vorstande des westpreuß. Städtetages Danzig 1898. Referent Stadtrat Bail-Danzig.

Das öffentliche Armenwesen in Hamburg während der Jahre 1893—1902. Darstellung seiner Reorganisation und weiteren Entwicklung. Herausgegeben vom Armenkollegium. 72 S. Hamburg 1903.

Mangeot, W., Die öffentliche Armenpflege, deren Entwicklung und gegenwärtige Gestaltung in der Stadt Köln. Zwei Vorträge. 32 S. 1896.

Ruland, H., Bericht über die Neuordnung des Armenwesens der Stadt Kolmar. 116 S. Colmar 1892.

25 Jahre der Wirksamkeit des Crefelder Armenwesens seit Einführung des Elberfelder Systems, 1863—1888. 49 S.

Jahrbuch für die Verwaltung der städtischen Armen- und Waisenpflege in Mannheim. III. Jahrgang 1902.

Handbuch der städtischen Waisen- und Armenverwaltung zu Frankfurt a. M. 1903.

Mischler, Die Armenpflege in den österreichischen Städten und ihre Reform. 96 S. Wien 1890.

v. Cardona, Heinrich R., Die Armenpflege nach Elberfelder Vorbild in den österreichischen Städten. Enthalten in „Österreichs Wohlfahrtseinrichtungen 1848—1898". 31 S.

Rupprecht, Conrad, Das Elberfelder System in Österreich. Blätter f. d. Armenwesen in Steiermark, Januar/Februar 1898.

Trabauer, Franz, Das Armenwesen in Deutschland. Vortrag. 43 S. Wien, Selbstverlag des Magistrats, 1894.

Reform der Armenpflege in Wien. Für die Beratungen im Stadtrate.

Reicher, Heinrich, Zur Armenreform der Städte in Steiermark. Mit besonderer Berücksichtigung der Landeshauptstadt Graz. 38 S. Graz 1893.

Denkschrift über eine zeitgemäße Verbesserung der städtischen Armenpflege in Trautenau. 83 S. Trautenau 1891.

Lackner, Alois, Die ersten vier Jahre der neuen, nach Elberfelder Muster eingerichteten Armenpflege in Salzburg. 76 S. Salzburg, Selbstverlag der Stadtgemeindevorstehung, 1897.

Begründungsschrift zu dem Antrage auf Reform des Armenpflegewesens in Reichenberg nach Elberfelder Muster. 29 S. Reichenberg, Verlag des Magistrats, 1889.

Poor Laws in Foreign Countries. Reports communicated to the Local Government Board, by Her Majesty's Secretary of State for foreign affairs; with introductory remarks by Andrew Doyle. 482 p. London 1875.

Elberfeld Poor Law System. Reports on the Elberfeld Poor Law System and German Workmen's Colonies. 137 p. London 1888.

Twining, Louisa, Poor Relief in foreign countries and out-door relief in England. 63 p. London, Cassell & Co., 1889.

Grisewood & Hanewinkel, The Elberfeld System of Poor Law Relief. 16 p. Liverpool, Marples & Co., 1898.

Doyle, Andrew, The Poor Law System of Elberfeld. 32 p. London, etwa 1870.

Peabody, How should a City care for its Poor?

Vagrancy and Public Charities in foreign countries. Reports from the consuls of the United States in answer to a circular from the Department of State. Issued from the Bureau of Statistics, Department of State. 619 p. Washington 1893.

Het Vraagstuk der Armverzorging, in opdracht van de Maatschappij tot nut van't allgemeen, bewerkt door Borgesius, Hartogh, Blankenberg, Dompierre de Chaufepié, Patijn. 436 p. Amsterdam, Van Looy en Gerlings, 1895.

Le Roy, L'assistance publique en Allemagne. Législation-Statistique de 1885. 134 p. Paris, Berger-Levrault & Cie., 1890.

Duché, Assistance publique, système d'Elberfeld: point de mendiants, peu de pauvres. Lyon 1875.

Atti della Commissione reale per l'inchiesta sulle opere pie. Vol. IX. Appunti di legislazione e statistica comparata sulla pubblica beneficenza in Francia, Inghilterra, Germania, Austria e Svizzera. 109 p. Roma 1892.

Guerrier, Les bureaux de l'assistance communale de la ville de Moscou. 21 p. Moscou 1900.

I.
Der Grundgedanke des Elberfelder Systems in Geschichte und Theorie.

Der vorliegende Bericht ist veranlaßt durch den Umstand, daß in diesem Jahre die Armenverwaltung von Elberfeld das fünfzigjährige Bestehen ihrer Armenordnung begeht. Sie hat aus diesem Grunde einen Festbericht herausgegeben, der über ihre Geschichte und Entwicklung, sowie über die praktische Tätigkeit auf der Grundlage der Armenordnung unterrichtet. Diesen Bericht, der den Teilnehmern der Jahresversammlung in Elberfeld selbst überreicht werden wird, sollen die nachfolgenden Ausführungen namentlich nach der Richtung hin ergänzen, inwieweit die Elberfelder Armenordnung anderen Städten und Ländern zum Vorbild gedient hat und durch welche Eigentümlichkeiten das Elberfelder System die Eigenschaft eines Mustersystems erlangt hat.

Das Elberfelder System beruht auf den Grundlagen der Individualisierung und der Dezentralisation, Worte, für die uns leider angemessene deutsche Ausdrücke nicht zur Verfügung stehen. Vielleicht kommt dem Sinn beider Worte am nächsten das Wort: „Hilfe von Mensch zu Mensch".

Wie immer sich Armenpflege gestalten mag, ob sie in kleinen oder großen Verhältnissen geübt werde, ob mit geringen, ob mit beträchtlichen Mitteln, wesentlich ist ihr, daß der Helfende dem Bedürftigen ganz nahe tritt, seine Verhältnisse bis ins einzelne durchdringt und diesen Verhältnissen seine Hilfe anpaßt. Anders ist Arbeitsfähigen als Arbeitsunfähigen, anders der Ehefrau als der Witwe, anders dem Kind als dem Greise zu helfen. Ob ein Mensch von allen Hilfsmitteln entblößt ist, ob ihm in seinen Kindern, seinen sonstigen Angehörigen, in den Verpflichtungen dritter Personen, in dem Besitz von Vermögen, in dem Bezug von Renten, Pensionen und dergleichen Hilfsquellen zu Gebote stehen, die ganz oder teilweise seinen notdürftigen Lebensunterhalt decken, dies alles ist zu wissen nötig, um das Maß der Hilfsbedürftigkeit richtig beurteilen zu können. Aber dieses Urteil wird nicht durch schriftlichen Bericht, durch Erzählung von dritter Seite gewonnen; es kann nur geschöpft werden aus unmittelbarer Erforschung der Umstände, in denen der Bedürftige lebt, durch Erkundigungen, die seine häuslichen Verhältnisse, seinen Leumund betreffen, durch Feststellungen, die die Größe seiner Familie, die Beschaffenheit seiner Wohnung usw. ermitteln, und vor allem muß der, der helfen will, den Bedürftigen Auge in Auge gesehen, er muß den unmittelbaren persönlichen Eindruck des Bedürftigen und seiner Familie gewonnen haben und die Erkundigungen an anderen Stellen durch diesen **unmittelbaren persönlichen** Eindruck ergänzen, um ein Gesamtbild aus allen diesen Eindrücken sich schaffen zu können. Und wenn dies Bild gewonnen, wenn ein Urteil gebildet ist, ob und wie dem Bedürftigen zu helfen ist, welche besonderen Mittel anzuwenden sind, dann hat der Helfer die Hilfe wiederum in unmittelbarer Beziehung zu dem, dem geholfen werden soll, zu gewähren. Dann soll er dem Bedürftigen mit den richtigen Mitteln beratend und helfend, als ein Freund und Pfleger, ihm zur Seite stehen. Dies ist, was wir „Hilfe von Mensch zu Mensch" nennen, nicht etwa **eine der** Arten, wie man in der Armenpflege dem Bedürftigen helfen kann, sondern **die einzige Art**.

Das Verdienst des Elberfelder Systems ist, daß es diese in Elberfeld und anderwärts langvergessenen Worte wieder zu Ehren brachte und durch ein halbes Jahrhundert den Beweis lieferte, daß es ein anderes System nicht geben kann. Denn nicht um einen neuen, sondern um einen vergessenen Grundsatz handelt es sich, um einen Grundsatz, der keinem der unzähligen Versuche fremd war, die je gemacht wurden, die Armenpflege zu reformieren. Eine eigentümliche, der Klarstellung dienliche Wahrnehmung drängt sich hier auf. Während die Menschheit sich auf technischem Gebiet durch Erfindungen und Entdeckungen ungemein vervollkommnet, so daß ein Rückgang auf frühere Zustände ganz unmöglich ist, gibt es in den rein menschlichen Verhältnissen eine Reihe von Erfahrungen, Wahrheiten und Zuständen, an denen keine fortschreitende Kultur, keine Erfindung, keine Entdeckung etwas zu ändern vermag, weil sie, unabhängig von menschlicher Kunst, einfach im Wesen der Dinge liegen. Keinem wird es einfallen, heute den Weg von Rom nach Berlin mit der Post zurückzulegen; kein Krieg wird mehr mit der Armbrust statt mit der Schießwaffe geführt werden; den elektrischen Telegraphen wird niemand durch den optischen zu ersetzen wünschen. Aber im Gebiete der Kunst kehren wir noch heute bewundernd unseren Blick zu den Schöpfungen edelster hellenischer Plastik und Architektur, zu den malerischen und bildnerischen Hervorbringungen der Renaissance. Und in dem Verhältnis der Menschen zueinander, in Liebe und Vertrauen, in dem Bedürfnis, dem Nächsten zu helfen, hat der Zeitwandel nichts Neues hervorzubringen vermocht; ja, die Einfalt älterer, schlichterer Zeit betrachten wir wohl mit einem gewissen Neidgefühl, wir, denen im hastigen Treiben modernen Lebens diese Schlichtheit und Einfalt so vielfach abhanden gekommen ist. Und wenn wir die Geschichte des Armenwesens durchforschen, wenn wir die zahllosen Versuche betrachten, in der Armenpflege gesunde Grundsätze aufzustellen, wenn wir die Übung der Armenpflege in alten christlichen Gemeinden, die Armen- und Kastenordnungen der Reformation und unsere neueren Bestrebungen auf diesem Gebiet vergleichen, immer wieder stoßen wir auf jenen ersten, einfachsten, durch keine Erfindung oder Entdeckung veränderten Grundsatz der Hilfe von „Mensch zu Mensch".

Am lebendigsten und ursprünglichsten kam dieser Grundsatz in der Armenpflege der alten christlichen Gemeinde zum Ausdruck. Die politische und wirtschaftliche Lage der Anhänger des christlichen Bekenntnisses in der ersten Zeit nötigte zu engem Zusammenschluß. Die neue Verheißung der Liebe macht aus diesen ersten Bekennern und ihren Nachfolgern Brüder und Schwestern, die einander brüderlich und schwesterlich beizustehen bestrebt sind.

Gegenüber dem großen staatlichen Gebilde entwickeln sich hier engere Gemeindeverbände, in denen ein Glied das andere kennt, in dem eins dem andern in Liebe ergeben sein soll. „Es wird — wie Uhlhorn ausführt — erinnert, daß es Christi Gebot ist, die Liebe wird gepriesen, Christi Liebe zu uns gerühmt, die Gemeinden werden darauf hingewiesen, daß sie in geistlichen Dingen Gemeinschaft haben und deshalb auch in irdischen Gemeinschaft pflegen müssen, aber das alles sehr schlicht und einfach, so daß man es unmittelbar fühlt; es bedarf noch keiner rednerischen Künste, um die überall vorhandene Liebe zur Betätigung aufzufordern. Bestimmte Formen für die Übung der Liebestätigkeit in den Gemeinden sind zwar von Anfang vorhanden, bestimmte Ordnungen, bestimmte Personen, denen die Armenpflege amtlich obliegt; aber das alles hat doch noch etwas Fließendes. Deshalb ist es auch jetzt noch schwer, ein sicheres Bild davon zu gewinnen. Unzweifelhaft wurde es an verschiedenen Orten verschieden gehalten. Erst als die Verfassung der Kirche überhaupt sich fester ausgestaltete, nahmen auch diese Ordnungen festere und gleichmäßigere Gestalt an. Von Anstaltlichem ist noch nichts vorhanden. Es bedurfte noch keiner Xenodochien, keiner Fremdenhäuser, keiner Waisenhäuser, keiner Krankenhäuser, solange jedes Christenhaus eine Herberge bot für reisende Brüder, und jeder Christ und jede Christin bereit war, Elende aufzunehmen und wenn es auch eine amtliche Diakonie gab, so schloß das doch nicht aus, daß alle an ihrem Teile und in ihrer Weise die Werke frei übten, die der Diakonie amtlich zukamen. Neben der geordneten gemeinblichen Liebestätigkeit entfaltet sich ein reiches Maß von Privatwohltätigkeit, und beides geht noch ohne feste Grenzen mannigfach ineinander über."

Der Gemeindezusammenhang ist so eng und innig, wie er es später nie gewesen ist. Der einzelne Christ lebt ganz in der Gemeinde und für die Gemeinde; die Gemeinden sind noch klein und familienhaft, und jeder kennt den andern. „Nannten sich die Christen Brüder und Schwestern, so waren sie es auch wirklich, und der Friedenskuß, den sie sich vor der Feier des heiligen Mahles gaben, war kein leeres Symbol. Dem entsprechend ist auch die Liebestätigkeit eine gemeinbliche. Der Einzelne gibt der Gemeinde, was zu geben ihn die Liebe treibt: in den Gemeindeversammlungen, beim Gottesdienst, beim Abendmahl werden die Gaben für die Armen zusammengelegt: die Beamten der Gemeinde verwenden sie. Gemeindearmenpflege, das ist der Grundcharakter der Liebestätigkeit dieser Zeit.

Diese gemeindliche Armenpflege gewinnt festere Form in der Zusammenfassung ihrer Tätigkeit in den Händen des Presbyteriums und später des Bischofs, dem Gemeindemitglieder als Diakonen helfend zur Seite stehen. Die Diakonen sollen nach den apostolischen Konstitutionen Auge und Ohr des Bischofs sein, durch sie soll er erfahren, wie es in der Gemeinde steht, sie sollen zugleich die Hand sein, mit der er handelt. So namentlich in der Armenpflege. Ihrer bedient sich der Bischof sowohl bei Einsammlung, als Verteilung der Mittel. Sie nehmen die Gaben entgegen, sie sammeln die Kollekten ein, und sie sind es wieder, die den Armen zutragen, was der Bischof ihnen bestimmt. Vor allem haben sie die Verhältnisse der Armen genau und im einzelnen zu erkunden.

Als Aufgabe der Bischöfe auf dem Gebiet der Armenpflege wird in den apostolischen Konstitutionen folgendes angegeben:

Den Waisen sollen sie die Fürsorge der Eltern, den Witwen die des Mannes ersetzen, den zur Ehe Reifen zur Ehe verhelfen, den Arbeitslosen sollen sie Arbeit geben, den zur Arbeit Unfähigen Erbarmen erweisen, den Fremden ein Obdach, den Hungrigen Speise, den Durstigen Trank, den Kranken, daß sie besucht werden, den Gefangenen Hilfe verschaffen. Als allgemeiner Grundsatz gilt, daß nur wirklich Bedürftige und diese nur mit dem zum Leben unbedingt Notwendigen unterstützt werden. Schlemmer, Müßiggänger, die durch ihre Schuld in Not geraten sind, sind von der Unterstützung ausgeschlossen. Sie sind nicht einmal wert, Glieder der Gemeinde zu sein, geschweige denn, daß sie auf Kosten der Gemeinde leben sollten.

Man sieht, es sind im wesentlichen dieselben Gesichtspunkte, die in der Vorschrift des modernen Elberfelder Systems sich wiederfinden, ein Beweis für jene oben ausgesprochene Behauptung, daß auf diesem Gebiet neue Erfindungen und Entdeckungen den alten gesunden Grundsätzen der Armenpflege nichts hinzuzufügen vermochten.

Wichtig ist es, für das Verständnis dieser ältesten und der modernsten Tätigkeit festzuhalten, daß die Gemeindepflege die Grundlage der gesamten Armenpflege bildet. Wie noch an anderer Stelle bei Betrachtung der ausländischen Verhältnisse kurz darzulegen sein wird, liegt in England und Amerika der Schwerpunkt der öffentlichen Armenpflege in der **geschlossenen** (workhouse-Prinzip), in Deutschland in der **offenen** Armenpflege. Die geschlossene Armenpflege kann ihrer Natur nach nicht individualisieren. Das Anstaltsleben schließt weder Liebe noch Hingabe für die darin tätigen Helfer aus; aber es führt zu einer gleichmäßigen Behandlung aller Anstaltsinsassen im Gegensatz zu der Mannigfaltigkeit der Betätigung in der offenen Armenpflege. Man darf also sagen: **das Elberfelder System ist ein System der offenen Armenpflege.** Und wo immer die Armenpflege im Sinne jenes Grundsatzes der Hilfe von Mensch zu Mensch zu beleben gesucht wird, ist die Wiederbelebung der offenen Gemeindearmenpflege ihre nächste Aufgabe.

Die Übung der alten christlichen Gemeindearmenpflege tritt merkbar zurück, je mehr die Gemeinden jene Innigkeit und Ursprünglichkeit verlieren, die ihren Beginn auszeichnet. Die Kirche, die zur politischen Macht wird, ist der unmittelbaren Betätigung jener brüderlichen und schwesterlichen Liebe nicht günstig. Aber auch die Größe der Gemeinden läßt die nahen Beziehungen der Gemeindeglieder untereinander nicht mehr zu. Es kommen noch eine Reihe anderer Gesichtspunkte hier in Betracht. Die Betonung des selbständigen Werts des Almosens als einer Gabe zur Gewinnung des Seelenheils führt zwar zu außerordentlich reichen Spenden für die Armen, worüber aber auch die unmittelbare Beziehung auf das Bedürfnis der Armen vielfach verloren ging und die Liebestätigkeit an Planmäßigkeit verlor, was sie an Mitteln gewann. Ferner der Übergang von der Gemeindepflege zu der Anstaltspflege, die — zum großen Teil eben mit jenen Spenden und letztwilligen Vermächtnissen — zur Gründung zahlreicher Anstalten für Waisen, Kranke, Arme und Fremde führt. Auf diese übte namentlich das Kloster- und Ordenswesen einen maßgebenden Einfluß, da diese Anstalten mit der kirchlichen Oberleitung eng verbunden waren. Man wird der Armenpflege des Mittelalters die Absicht helfender Liebe gewiß nicht absprechen können; ja, man wird anerkennen müssen, daß in jenen Anstalten und Klöstern, vielfach mit einer brünstigen Hingabe an den Dienst der Armen und Schwachen für diejenigen, die sich ihrer erfreuen durften, viel geleistet wurde. Aber diese Leistungen entbehren der Gleichmäßigkeit und Planmäßigkeit; sie sichern keineswegs allen Bedürftigen die ihnen notwendige Hilfe, so daß überall das Gegenbild der mittelalterlichen Liebestätigkeit in einem mehr und mehr anwachsenden Bettel- und Landstreicherwesen ersteht. Selbstverständlich handelt es sich hierbei nicht etwa um eine Wirkung der unzulänglich geübten Armenpflege allein, sondern in erster Linie um die Wirkung der wirtschaftlichen und politischen Verhältnisse, die einer geordneten Armenpflege nicht günstig sein konnten. Die frühen Bemühungen der fränkischen Könige, namentlich Karls des Großen, vermochten hieran nichts Wesentliches zu ändern.

Von geordneter Armenpflege im Sinne der Hilfe von Mensch zu Mensch ist erst wieder die Rede, nachdem sich in den Städten festgegliederte Gemeinwesen gebildet hatten und nachdem die Reformation die Bedeutung der Gemeinde in ihrer ursprünglichen Bedeutung wieder zum Bewußtsein gebracht hatte. Nur mischte sich in die mit der Reformation beginnenden Bestrebungen ein neues Element, das man als das bürgerliche bezeichnen kann und dessen Wirkung in der Ordnung einer bürgerlichen Armenpflege zum Ausdruck kommt. Die Stadt ist ein Gemeinwesen, das, wenn auch anders als die kirchliche Gemeinde, doch alle seine Mitglieder auf der Grundlage gleichmäßig geordneter Rechte und Pflichten umfaßt. Noch ist man zwar von der Gleichberechtigung aller Einwohner, von der Gewährung wirtschaftlicher Freiheit und Freizügigkeit weit entfernt, noch gibt es Bürger erster und zweiter Klasse, noch ist das Gewerbe an die zunftmäßigen Einschränkungen gebunden — aber das städtische Gemeinwesen als Ganzes ordnet doch die Beziehungen der Bürger untereinander und unter dieser Ordnung nimmt die Sorge für die Armen und Schwachen eine bedeutende Stelle ein. Nicht aus Gründen der christlichen Liebe in erster Linie, sondern hauptsächlich aus wirtschaftlichen und polizeilichen Gründen. Aber unmerkbar wirkt doch jener der alten christlichen Gemeinde innewohnende

Zug mit, der die nachbarlich zusammenwohnenden Glieder desselben Gemeinwesens als Nachbarn auf wechselseitige Hilfe anweist. Vorkämpfer dieser Bewegung sind die zahlreichen, der zweiten Hälfte des Mittelalters angehörigen Standes- und Gewerbsvereinigungen in den Adelsgenossenschaften, in den Zünften und Gilden der Kaufleute und Handwerker, in den Gesellschaften, Brüderschaften, Berufsgenossenschaften u. s. w., Organisationen, in denen die Berufsgenossen gemeinsame Zwecke fördern und namentlich auch in Notfällen einander Hilfe gewähren.

Die schon in der vorreformatorischen Zeit auftauchenden Bemühungen der Städte, eine geordnete Armenpflege einzuführen, — wie denn schon in der ersten Hälfte des 15. Jahrhunderts städtische Armenpfleger in Frankfurt und in Köln anzutreffen sind — finden einen mächtigen Antrieb in der reformatorischen Bewegung. Luther erklärt in seiner Schrift „An den Adel deutscher Nation" es für „der größten Nöte eine, daß alle Bettelei abgetan würde in der ganzen Christenheit" und entwickelt dann die Grundgedanken einer gesunden Armenordnung. Jede Stadt muß ihre Armen selbst versorgen, fremde Bettler werden ausgewiesen. An die Stelle des unterschiedslosen Gebens tritt eine geregelte Versorgung der Armen auf Grund einer genauen Prüfung ihrer Verhältnisse und nach Sonderung der wirklich Armen von den losen Buben und Landläufern; die Versorgung erstreckt sich aber nur auf das Notwendigste. Damit tritt jene alte Forderung der Individualisierung wieder in ihre Rechte. Nicht auf den Gebenden und die Förderung seines Seelenheils durch Almosen kommt es an, sondern auf die Förderung des Armen, dem nach seinem Bedürfnis geholfen werden soll. Wer arbeiten kann, soll nicht von fremden Mitteln leben; wer nicht arbeiten kann, soll die erforderliche Hilfe finden. Die bekannte Nürnberger Armenordnung von 1525 sucht unter dem Einfluß von Lazarus Spengler diesen Gedanken zu verwirklichen. „An Stelle des blinden Almosengebens soll die Gemeindearmenpflege treten „als die heilige Schrift ausweist, daß aus brüderlicher Lieb Niemand seinen Nächsten betteln soll lassen, sondern einer dem andern mitteilen und helfen". Die Bettelei soll unterdrückt werden, „auf daß die Armen weder in Kirchen noch auf den Straßen keine Almosen fordern oder begehren". Mit der Leitung der Armenpflege ward von dem Rat der Stadt eine Armenkommission betraut. Die Stadt ward in vier Armenbezirke geteilt und für jeden Bezirk ein Armenaufseher ernannt, der in Gemeinschaft mit den Geistlichen, die sich hierzu bereit erklärten, die persönlichen Verhältnisse aller Unterstützungsbedürftigen zu untersuchen und eine vollständige Armenbeschreibung aufzunehmen hat. Auch über die Ausübung der Armenpflegung stellte die Armenordnung von 1522 Vorschriften auf, die durchaus den Grundsätzen einer rationellen Armenpflege entsprechen. Kranken soll Arznei gereicht, herangewachsenen Kindern ein Dienst verschafft werden, vor allem aber: es soll den Personen, die arbeiten können, sobald wie möglich Arbeit nachgewiesen werden, um sie der Armut zu entreißen. Den verschämten Armen dagegen soll eine Unterstützung durch Vermittelung dritter Personen gewährt, und ihre Namen sollen nicht veröffentlicht werden.

Ähnliche Gedanken entwickelte der bekannte Humanist Ludwig Vives in seiner Schrift De subventione pauperum sive de humanis necessitatibus, die, abgesehen von ihrem Inhalt, namentlich wegen der von katholischer Seite behaupteten Priorität[1] vor der Nürnberger Armenordnung für die Geschichte des Armenwesens von Bedeutung geworden ist. Vives untersucht in seiner Schrift die Gründe der Armut und die Mittel zu ihrer Abhilfe. Er prüft die Fehler der Bedürftigen und der Reichen und kommt in dem für uns wichtigsten zweiten Buch zur Beantwortung der Frage, wie der vorhandenen Not abzuhelfen sei. Er wendet sich gegen das planlose Almosengeben als ein wesentliches Mittel der Beförderung des Müßigganges, gegen die mangelhafte Verwaltung der vorhandenen Anstalten und Stiftungen, und gegen die Unzulänglichkeit der für die eigentliche Armut zur Verfügung gestellten Mittel. Er scheidet die Armut in drei Klassen: die Insassen von Hospitälern, die umherziehenden Bettler und die Hausarmen, und fordert, daß jedem Bedürftigen nach Art und Maß seiner Bedürftigkeit geholfen werde. Und eben hier stellt auch Vives diese für die Schaffung gesunder Armenpflege grundlegenden Forderungen: individualisierende Behandlung der Armen, strengste Prüfung ihrer Zustände, Ausscheidung und Bestrafung der Müßiggänger und Bettler, Sorge für die bedürftige Jugend, für die Kranken, die Alten und Schwachen, Zuweisung von Arbeit an diejenigen, die keine Arbeit finden können, wobei Vives dem modernen Gedanken des Arbeitsnachweises bereits näher tritt. Die Deckung der Kosten erfolgt für die geschlossenen Anstalten durch zweckmäßigere Verwendung der vorhandenen Einrichtungen; die Kosten der offenen Armenpflege sollen durch Spenden der bemittelten Kreise und nötigenfalls durch Sammlung in dem sogenannten Gotteskasten unter Aufsicht des Rats, der besonderen Verwalter und Pfleger aufgebracht werden.

Der für unsere Frage bemerkenswerteste Punkt dieser in zahlreichen deutschen Städten eingeführten Armenordnungen ist die Neubelebung des Pflegeramtes. Hier liegt eine direkte Wiederanknüpfung an die alte Einrichtung der Diakonie vor, deren Grundzug es ist, die Verwaltung der für die Armen bestimmten Mittel in die Hände von Personen zu legen, die unmittelbar mit den Verhältnissen des Armen Fühlung gewinnen. Nur handelt es sich nicht mehr um eine rein kirchliche Einrichtung, sondern in erster Linie um eine bürgerliche Verwaltung mit kirchlichen Elementen. Die Einkünfte der Armenkasse fließen noch meist aus kirchlichem Vermögen, die Einteilung der Stadt entspricht der der Kirchspiele, wie sich überhaupt die bürgerliche Gemeinde zum großen Teil mit der kirchlichen deckt. Man hat daher die Armenpflege jener Zeit nicht mit Unrecht eine gemischt bürgerlich-kirchliche genannt, aus der dann nach und nach die rein bürgerliche Armenpflege als öffentliche Armenpflege sich

---

[1] Daß der Nürnberger Armenordnung die Priorität gebührt und daß und wie sie den Weg nach den Niederlanden gefunden hat, weist Löning in seinem 1884 in der Münch. Allg. Zeitung (S. 4802) erschienenen Aufsatz: Nürnberg und Ypern, wohl unwiderleglich nach.

entwickelt, während die kirchliche Armenpflege der kirchlichen Gemeinde verbleibt und zu einer Form der konfessionellen privaten Liebestätigkeit wird.

Das Verhalten der bürgerlichen Armenpflege findet aber in seiner weiteren Entwicklung die Hauptstütze an der Entwicklung des bürgerlichen Gemeindelebens, dem die Selbstverwaltung durch gewählte, im Ehrenamt wirkende Vertreter das entscheidende Gepräge gibt. Nur da, wo das städtische Ehrenamt die Grundlage städtischer Selbstverwaltung geblieben ist, hat sich eine von ehrenamtlichen Organen getragene Armenpflege entwickelt, deren Schwerpunkt in der offenen Pflege liegt.

Freilich ist dieser von der Reformation wieder aufgefaßte Grundgedanke pflegerischer Tätigkeit an keiner Stelle mit gleichbleibender Treue erhalten worden; ganz verloren gegangen ist er wohl nie mehr. Daß er aber fast bis zur Unkenntlichkeit wieder entstellt werden konnte, liegt, abgesehen von wirtschaftlichen und politischen Verhältnissen, wesentlich auch an der eigentümlichen Natur der Armenpflege. Wir beobachten in der Geschichte des Armenwesens immer wiederkehrend diese Erscheinung: Mangel oder Niedergang guter Armenpflege, infolgedessen beklagenswerte Zustände der wirklich Bedürftigen, die in Zunahme des Bettelwesens und strafbarer Handlungen, großer Sterblichkeit usw. ihren Ausdruck finden. Einsicht, daß es so nicht weitergehen kann, Reformbewegung — Wiederfinden des Grundsatzes der Individualisierung — Schaffung von entsprechenden Einrichtungen, die von der Bevölkerung mit einer Art aufflammender Begeisterung aufgenommen und mit Lebhaftigkeit verwirklicht werden; namentlich findet immer eine zahlreiche Beteiligung pflegerisch tätiger Elemente statt; allmählich läßt die Begeisterung nach, die ursprünglich tätigen besseren Elemente treten zurück — die Persönlichkeiten, die sich der Arbeit widmen, vermindern sich an Zahl und Fähigkeiten —, es beginnt ein Schlendrian, der wieder zu denselben Wahrnehmungen führt wie vorher; es beginnt der Ruf nach Reform, der zu ähnlichem Aufschwunge führt, bis auch dieser wieder nachläßt und wieder der Schlendrian überhand nimmt. Und immer wieder zeigt sich, daß der Niedergang nicht von der Mangelhaftigkeit der Ordnung, nicht von dem Mangel an Mitteln herrührt, sondern lediglich von dem Mangel an helfenden Persönlichkeiten, dem Mangel an Individualisierung.

Von vielen Beispielen greife ich eines heraus, das mir persönlich besonders naheliegt: die Geschichte des Hamburger Armenwesens. Dort findet die Zeit der Reformation dieselben Übelstände wie im übrigen Deutschland; sie sucht ihnen zu begegnen durch die Gotteskastenordnung von 1527, die all jene vortrefflichen Grundsätze gesunder Armenpflege enthält. 12 geschickte Männer sollen umhergehen und sich sorgfältig nach den Verhältnissen der Armen erkundigen. Das geht anfänglich sehr gut; aber schon 25 Jahre später wird über das Nachlassen der pflegerischen Tätigkeit geklagt; das Bettelwesen nimmt wieder an Umfang zu, die Armenpflege schlendert so fort, bis in der Mitte des 16. Jahrhunderts ihr völliger Verfall eintritt, die Sitzungen selten stattfinden und die Geschäfte der Pfleger mit anderen Geschäften zum Schaden der Armenpflege verquickt werden. 1622 erscheint endlich die neue Armen- und Gotteskastenordnung. Es werden 4 Kirchspiele zum Zwecke der Armenpflege gebildet und mit je 12 Diakonen und 3 Oberalten besetzt, die sich alle vier Wochen versammeln sollen. Doch wird sogleich über den Mangel an guter Geschäftsverteilung und über die Belastung mit anderen Geschäften geklagt: das Bettelwesen dauert fort. Unzählige Bettelverbote erscheinen in der Folge, die erfolglos bleiben, weil der wirklichen Not nicht in wirksamer Weise gesteuert wird. Wieder vergehen fast 100 Jahre, bis 1711 die neue Armenordnung erscheint, die wiederum den Grundsatz der Individualisierung, die Notwendigkeit von persönlichen Besuchen und genauer Prüfung der Verhältnisse der Armen vorschreibt. Aber auch zur Durchführung dieser an sich gesunden und richtigen Grundsätze fehlt es an genügenden Kräften, so daß von wahrer Hilfe nicht die Rede war. Mit dem Ende des 18. Jahrhunderts setzt das Zeitalter der Aufklärung ein, das die Menschen glücklicher machen will und seine Aufmerksamkeit auch dem Bedürftigen zuwendet. Und als man sich bemühte, über die Verhältnisse der Bedürftigen Licht zu verbreiten, zeigten sich Zustände, die jeder Beschreibung spotten. Ein zeitgenössischer Schriftsteller berichtet hierüber:

„Die wahre Größe des Elends, welches in der Stadt herrschte, trat aber erst zu Tage, als man im vorletzten Jahrzehnt des 18. Jahrhunderts endlich eine wirkliche Reorganisation des Armenwesens ins Auge faßte und mit Rücksicht auf solche zunächst eine sorgfältige Visitation aller Straßen, Gänge, Höfe und ihrer Insassen vornahm. Da zeigte es sich, daß außer den zahlreichen Bettlern, deren oft erheuchelte und erkünstelte Not vom Mitleiden des Publikums Almosen erpreßte, noch eine Menge viel unglücklicherer Armen existierte, die nach und nach so elend geworden waren, daß sie ohne Lager und Kleider, von niemand bemerkt, langsam verkamen und zum Teil nur abends ihr Lager verließen, um ihre Nacktheit den Augen der Nachbarn zu entziehen. Bei der ersten Untersuchung fanden sich 600 Menschen ohne Lager und Decken und 2000 ohne Hemden; die meisten machten sich ein Lager aus ihren Lumpen und waren mit Ungeziefer bedeckt. 2200 Kinder dieser Armen lagen in gleichem Zustande wie sie auf den Sälen und schmutzigen Höfen umher; nur wenige von ihnen arbeiteten etwas; sehr viele wurden früh zum Betteln angeleitet und wuchsen in der grenzenlosen Unsittlichkeit ihrer Eltern auf. Die Armenfreunde fanden bei ihren Untersuchungen ganze Höfe voll der gesunkensten Geschöpfe, die den Erwerb des Bettelns sowie jeden anderen Genuß miteinander gemein hatten, die bei ihren Zechen sich mit derselben Krücke herumprügelten, mit der sie das Mitleiden des Publikums erschlichen hatten. Kein menschlicher Fuß kam bisher in diese Höfe, als etwa der des Vizehauswirts: die Bettelvögte wagten hier nicht einzudringen, und der Polizei erwuchsen dadurch unzählige Schwierigkeiten. Die verschämten Armen waren vergessen und unglücklich, denn eine schwer zu durchdringende Scheidewand stand zwischen demjenigen, der Gutes tun wollte, und dem würdigen Gegenstande seiner Wohltätigkeit. Ein fleißiger und rechtlicher Mann, der durch Mangel an Absatz oder Arbeit, durch Krankheit und Sterbefälle oder durch Unglücksfälle anderer Art in Schulden gekommen war, kein Geld zum notwendigsten Verlag besaß und sein

Handwerkszeug hatte versetzen oder verkaufen müssen, war ohne Rettung verloren; er versank in kurzer Zeit in die äußerste Dürftigkeit und verkam dann entweder gänzlich oder mußte mit allen den Kräften, die eine Familie reichlich hätten ernähren können, von fremder Wohltat in verderbender Untätigkeit leben."

So stand es bis 1788 mit dem Armenwesen in Hamburg. Wie wenig aber bisher auch einsichtsvollere Männer diesen schrecklichen Zustand geahnt hatten, geht wohl daraus hervor, daß der als Diplomat viel in der Welt herumgekommene und mit den hamburgischen Verhältnissen sonst auf das genaueste bekannte Syndikus Klefeker noch 1765 in seiner historischen Einleitung zu der hamburgischen Armenverfassung schreiben konnte: „Die Stadt Hamburg ist als eine Pflegerin der Armut in der ganzen Welt längstens berühmt gewesen, und ihre Stiftungen zur Versorgung derselben mit den Polizeianordnungen gegen die Gassenbettelei und gegen das lasterhafte Betragen des leichtfertigen und herrenlosen Gesindels in älteren und neueren Zeiten sind auch bis auf den heutigen Tag bei den größten Staaten von der Beschaffenheit zu sein gehalten worden, daß man sie zum Muster zu wählen und zur Grundlage noch erhabenerer Gebäude zu nehmen, der Stadt die Ehre bewiesen hat." Was würde wohl der würdige Klefeker gesagt haben, wenn er erlebt hätte, wie man 20 Jahre später das vermeintliche „erhabene Gebäude" des Armenwesens als einen Schandfleck Hamburgs bezeichnete!

Am Ende des 18. Jahrhunderts setzten die Bemühungen der Hamburger Patriotischen Gesellschaft unter Führung von Büsch ein, die nach langjährigen Beratungen und Bemühungen zum Erlaß der neuen Armenordnung von 1788 führen (1791 revidiert). Es wird ein Armenkollegium von 25 Mitgliedern eingesetzt, dem 5 Hauptbezirke mit je 2 Vorstehern unterstellt werden; diese wieder sind in 12 Armenquartiere mit je 3 Pflegern eingeteilt, so daß sich die für die damalige Zeit stattliche Zahl von 10 Vorstehern und 180 Pflegern ergibt. Die Pfleger sollen in dem Bezirk, in dem sie leben, die Prüfung der Verhältnisse der Armen übernehmen, die Arbeitsfähigen zur Arbeit anhalten, die nachbarlichen Beziehungen pflegen usw. — kurz, all die guten Grundsätze gesunder Armenpflege werden in trefflicher Weise wiederholt. Aber diesmal blieb die Ordnung nicht auf dem Papier stehen, sondern wurde durch eine vorzügliche Organisation sichergestellt; angesehene Bürger ließen sich zur Übernahme der Ämter von Vorstehern und Pflegern bereit finden; man errichtete Anstalten, die die offene Armenpflege ergänzen sollten, und suchte dem Arbeitsfähigen Arbeit zu verschaffen usw. Die Hamburger Reform von 1788 hatte einen so bedeutenden Erfolg, daß sie im Inlande und Auslande das größte Aufsehen erregte und ihr Ansehen durchaus dem entsprach, dessen heute die Elberfelder Armenpflege genießt, deren Vorläufer sie war. — Aber schon am Beginn des neuen Jahrhunderts wurde der Erfolg durch die französischen Invasionen beeinträchtigt; die Arbeitseinrichtungen funktionierten nicht mehr, Zahl und Fähigkeit der Pfleger ging zurück, die alten Folgen — wenn auch durch die modernen Mittel schärferer polizeilicher Aufsicht und durch den wirtschaftlichen Aufschwung gemindert — treten wieder hervor, und das Bedürfnis nach Reform des Armenwesens tritt von neuem so stark hervor, wie ein Jahrhundert vorher.

1893 ist dann das Armenwesen reorganisiert worden; im April dieses Jahres hat die Hamburger Armenpflege das zehnjährige Bestehen der Reorganisation begangen, wobei der jetzige Leiter aussprechen konnte, daß die Reorganisation einen vollen Erfolg bedeute, der in der verminderten Zahl von Unterstützten bei entschiedener Steigerung der Leistungen der Armenpflege zum Ausdruck käme. Es ist hierauf noch weiter unten zurückzukommen. Wenn aber irgend etwas diesen Erfolg zuwege brachte, so war es wiederum nicht die neue Armenordnung, so sorgfältig sie auch gearbeitet sein mochte, sondern die Tatsache, daß es gelang, im Sinne individualisierender Armenpflege die erforderlichen Kräfte zu gewinnen. Es wurden 104 Bezirke gebildet, an deren Spitze ebensoviel Vorsteher traten, während jedem Bezirke 15—20 Pfleger, im ganzen 1600—1700 zur Seite standen, aus allen Kreisen und Ständen Hamburgs. Ja, mit Geschäften überlastete, in höchsten Ehrenstellungen befindliche Männer traten in das schlichte Amt des Pflegers, um der Reform zum Siege zu verhelfen.

Vergleicht man die Geschichte des Hamburger Armenwesens mit der von Elberfeld, so wird man die Ähnlichkeiten erkennen und die Gründe verstehen, warum jede Reform zu der Betonung des persönlichen Moments in der Armenpflege zurückkehrte und warum nur jene Armenpflege von wirklichen Erfolgen begleitet sein konnte, die dieses Moment zu wirklich praktischer Betätigung zu entwickeln vermochte. Ein Unterschied zwischen Hamburg und Elberfeld fällt in die Augen. Während in Hamburg schon die Reform von 1788 die Armenpflege auf rein bürgerlichen Boden stellte, macht Elberfeld noch einen mißglückten Versuch mit der kirchlich-bürgerlichen Armenpflege, ein Versuch, der zu einer kurzen Betrachtung nach einer andern Richtung Anlaß gibt, der Betrachtung der Erfolge, die speziell der reformierten Kirche und den Bemühungen um Wiederbelebung des persönlichen Moments in der Armenpflege erwachsen. In der reformierten Kirche hatten sich die Keime der alten Diakonie forterhalten und namentlich am Niederrhein und in den Niederlanden eine bleibende Stätte gefunden. Hier bildete sich wieder jene von Stadt und bürgerlicher Gemeinde unabhängige Gemeinschaft der zur Kirche gehörigen Gemeindemitglieder, die zu ihren wesentlichen Aufgaben die Übung der Armenpflege im Sinne der alten christlichen Diakonie rechneten. Grundlegend für sie wurde die von a Lasco für die Niederländer in London gegebene Kirchenordnung; in ihr ist namentlich auf die sorgsame Auswahl der helfenden Kräfte entscheidendes Gewicht gelegt. Neben den männlichen Pflegern (Diakonen) gibt es auch Diakonissen für die Dienstleistung an den weiblichen Gemeindemitgliedern. Die individualisierende Behandlung der Armen ist bis ins einzelne durchgeführt, das Ziel gesunder Armenpflege, den Armen in rechter Weise zu helfen und sie zu erziehen, in den Vordergrund gestellt. Besonderes Gewicht wird auch auf die Verbindung der Armenpflege mit der Kirchenzucht gelegt. Diese Armenpflege der reformierten Gemeinde ist, wie gesagt, nie ganz verloren gegangen, und ist von entscheidendem Einfluß auf die

Ordnung des Elberfelder Armenwesens gewesen. Vor allem aber ist ihr die Entwicklung des **evangelischen Diakonissenwesens** zu verdanken, das in der persönlichen Arbeit an Kranken und Armen seinen Schwerpunkt findet und für die offene Armenpflege die Gemeindepflege geschaffen hat, der heute kein Gemeinwesen mehr zu entraten vermag. Ihr Wesen ist die unmittelbare persönliche Berührung mit den Bedürftigen und ihre Pflege. Was die Diakonissen auf dem Gebiet der geschlossenen Pflege leisten, kann hier nicht näher ausgeführt werden. Nur auf einen bedeutsamen Punkt sei kurz hingewiesen. Wie das evangelische Diakonissenwesen mannigfache Anregung dem älteren katholischen Ordenswesen entnahm, hat die neuere Entwicklung des katholischen Ordenswesens jener die Anregung auf dem Gebiet der Gemeindepflege entnommen, die heute von katholischen Schwestern in ganz verwandter Weise geübt wird.

Die jüngste Bildung auf dem Gebiet der Gemeindepflege knüpft an diese Forderung der persönlichen Betätigung an: es ist die von England ausgegangene und in England und Amerika zu besonderer Bedeutung gelangte sogenannte Settlementsbewegung. Settlement ist Niederlassung und zwar Niederlassung von helfenden Kräften in der Mitte der bedürftigen Bevölkerung, um dort unmittelbar Armen- und Wohlfahrtspflege zu treiben. Doch sind es nicht kirchliche und religiöse, sondern soziale und wirtschaftliche Gesichtspunkte, die diese Bewegung veranlaßt haben.

II.
Die Hauptstücke des Systems.

Wie schon in der Einleitung bemerkt, setze ich das E. S. hier als bekannt voraus. An dieser Stelle ist daher keine Darlegung der Einzelheiten beabsichtigt, sondern nur eine kurze Zusammenstellung der wesentlichsten Punkte des Systems und die Prüfung der Frage, welche von diesen Punkten feste und unverrückbare Grundlagen des Systems sind, von denen nicht abgewichen werden darf und in welchen Punkten Abweichungen nicht nur zulässig, sondern unter Umständen geboten erscheinen und welche neuen Forderungen endlich sich an die Grundgedanken des Systems in neuerer Zeit angeknüpft haben.

Wie die Naturgeschichte gewisse Merkmale in Klassen und Familien aufgestellt hat, deren Vorhandensein die Zugehörigkeit eines Tieres zu einer bestimmten Ordnung entscheidet, so darf man auch sagen, daß das E. S. gewisse Merkmale enthält, die absolut charakteristisch dafür sind und daß eine Armenpflege, die eines dieser Merkmale entbehrt, nicht zu der Ordnung des E. S. gerechnet werden kann. Damit ist keine vollständige äußere Übereinstimmung gemeint, weil gerade in der Ordnung der Armenpflege zahlreiche örtliche Besonderheiten zu berücksichtigen sind und namentlich auch die historische Entwicklung für die Gestaltung der Armenpflege von Bedeutung ist, sondern nur die Festhaltung jenes entscheidenden Grundsatzes der Individualisierung und der Dezentralisation, die die Hilfe von Mensch zu Mensch ermöglichen.

1. Die Individualisierung.

Wenn jemand gänzlich unvorbereitet vor die Aufgabe gestellt würde, eine größere Zahl von Armen in zweckentsprechender und ausreichender Weise zu versorgen, nichts von E. S. und Individualisierung wüßte, sondern nur als verständiger Mensch sich fragte, wie er der Aufgabe genügen könne, er käme ganz von selbst auf die Individualisierung d. h. auf die Sonderung in einzelne. Er würde sich sagen, daß er allein die große Masse nicht übersehen kann, daß er sie daher einteilen und Hilfskräfte zur Prüfung der Verhältnisse der einzelnen heranziehen müsse. Von selbst wird er dann auch dazu gedrängt werden, die Bedürftigen nach Wohngegenden zu Gruppen zusammenzufassen und seine Hilfskräfte diesen Gruppen zuzuweisen. Der Gedanke einer hierarchischen Gliederung, wie er ausgesprochenermaßen dem Schöpfer des E. S. vorgeschwebt hat, liegt dann ganz nahe. So entsteht die Einteilung des der Armenpflege unterstellten Gebietes in Bezirke, in deren jedem eine Anzahl helfender Kräfte tätig sein sollen. Diese helfenden Kräfte müssen ferner mit den Bedürftigen in nachbarlicher Beziehung stehen, um nicht nur einmal prüfen und helfen zu können, sondern um dauernd mit ihnen in Beziehung zu bleiben. So ergibt sich die Forderung, daß die Helfer in den Bezirken, in denen sie tätig sein sollen, selbst wohnen. Und drittens wird es zur Notwendigkeit, daß nicht soviel Helfer nur bestellt werden, als sich zu dieser Arbeit erbieten, sondern daß ihre Zahl bemessen wird nach der Zahl derer, denen geholfen werden soll. Dieser Erwägung entspringt die Forderung des E. S., daß keinem Pfleger mehr als 2—4 Fälle zur pflegerischen Behandlung überwiesen werden sollen. So viele helfende Kräfte tatsächlich zur Verfügung zu stellen verbietet freilich leider vielfach die Größe der Stadt, der so zahlreiche Kräfte nicht zu Gebote stehen. So finden wir in Berlin nur etwa 4000 Pfleger, während etwa 8000 den Grundsätzen des E. S. entsprechen würden. Hamburg bleibt mit 1560 Pflegern hinter jenem Satz um etwa 7—800 zurück. In andern Städten, wie in Breslau, Düsseldorf, Rostock ist die Zahl der Fälle für den einzelnen Pfleger auf 6 bemessen, in Chemnitz und Stettin auf 8, in Königsberg auf 12 Fälle, während in Kolmar i. E., das allerdings die Bezirkseinteilung nicht kennt, sondern die Armenpflege mit seinem Pflegepersonal von einer Zentralstelle aus verwaltet, immer der einzelne Fall den pflegerischen Kräften übertragen wird. Die Verschiedenheiten sind hier außerordentlich groß. Hält man aber den Grundsatz des E. S. fest, so wird man sagen müssen, daß eine Zahl von 40—50 Fällen, wie sie in Hamburg vor der Reorganisation auf den einzelnen Pfleger entfielen, den Grundsatz auf das gröblichste verletzen und daß in Berlin noch gegenwärtig in zahlreichen Bezirken die Zahl der Pfleger so klein ist, daß eine individualisierende Armenpflege schwer aufrecht zu erhalten ist. Wo wie in Nürnberg, das in 26 Stadtbezirke eingeteilt ist, überhaupt nur ein Pfleger auf den Bezirk bei einer Bevölkerung von 250 000 Seelen entfällt, kann von einer Individualisierung in der Armenpflege überhaupt nicht die Rede sein. Doch ist zu bemerken, daß abgesehen von der Schwierigkeit, in Großstädten die erforderliche Zahl aufzutreiben, das Bedürfnis nicht in allen Fällen der Armenpflege gleichartig liegt. Man wird dem Rentner eine größere Zahl von Fällen überweisen können, als dem stark in Anspruch genommenen Geschäftsmann; man kann von Fällen, in denen es sich um alte und gebrechliche Personen handelt, eine größere Zahl einem Pfleger überweisen, als von solchen, in denen es sich um Unterstützung kinderreicher Familien, namentlich um ein arbeitsfähiges Familienhaupt handelt.

Wie immer man aber die Zahl festsetzt, es muß sichergestellt werden, daß sie genügend groß sei, um die nach Umständen sofortige, in jedem Falle aber eingehende, zuverlässige Prüfung des Falles, seine dauernde Überwachung und zugleich die Unterhaltung beständiger Beziehungen zwischen dem Pfleger und dem Armen zu ermöglichen. Die Nützlichkeit und Notwendigkeit häufiger Besuche wird, wie Hildebrand a. a. O. sehr zutreffend bemerkt, nie zu lebhaft betont werden können. Um diesen Zusammenhang des Pflegers mit dem Unterstützten dauernd lebendig zu erhalten, ist daher, abgesehen von den allgemeinen Vorschriften, die diesen Punkt eindringlich betonen, in der Elberfelder Armenordnung die Anweisung gegeben, daß die Pfleger ihre Armen fleißig, mindestens aber alle 14 Tage einmal in ihren Wohnungen besuchen, Veränderungen im Personalbestand der Familie vermerken, von der etwa veränderten Höhe des Einkommens sich eine genaue Kenntnis verschaffen u. s. w. Auf eine Reihe von Einzelermittelungen ist dann noch besonders hingewiesen, die eine völlige Übersicht der Verhältnisse ermöglichen. Ganz besonders ausführlich handeln hierüber die Geschäftsanweisungen für die Armenpflege in Berlin und in Hamburg. Die persönlichen Besuche sollen aber nicht nur die Kenntnis der Verhältnisse nach der Richtung ermöglichen, daß ungerechtfertigte Unterstützungen eingestellt werden, sondern auch, daß unzulängliche Hilfe erhöht und nötigenfalls eine den veränderten Verhältnissen entsprechende anderweite Unterstützung gewährt werde, so z. B. statt Unterstützung eines Kindes durch Zahlung eines Pflegegeldes an die Mutter seine Unterbringung in einer Pflegeanstalt, die Verlegung eines Siechen in eine Heilstätte und dergl. mehr. Die Wirtschaftsführung des Unterstützten, seine Lebenshaltung, den Schulbesuch und die Erziehung der Kinder soll der Pfleger kennen lernen; er soll dem Unterstützten hierbei helfend zur Seite stehen, kurz ein gerechter Verwalter der ihm anvertrauten Mittel und zugleich ein Freund und Berater der Armen sein.

Hiermit steht in Zusammenhang die Frage der Auszahlung der in offener Pflege bewilligten Unterstützungen. Ich halte die Auszahlung durch den Pfleger an den einzelnen Armen, sei es in seiner Wohnung oder in der Wohnung des Armen, für ein wesentliches Stück des E. S. Das Verfahren, dem Armen die bewilligten Beträge zur Abhebung bei der Armenkasse oder bei einer anderen öffentlichen Zahlungsstelle anzuweisen, ist für die Armen selbst ungemein peinlich; vor allem aber nimmt es dem Pfleger die Gelegenheit, mit den ihm zur Pflege anvertrauten Personen in unmittelbarer Berührung zu bleiben und die Verwendung des Geldes in geeigneter Weise zu beeinflussen, namentlich auch die Zahlung in angemessenen Teilen bewirken zu können. In Berlin ist durch die neue

Geschäftsanweisung vom 1. April 1901 vorgeschrieben, daß jeder Pfleger sich an der Auszahlung zu beteiligen habe, wobei gerade der oben bemerkte Gesichtspunkt leitend war. Doch hat sich die Durchführung der Vorschrift bei weitem nicht in allen Bezirken erreichen lassen, weil eine Reihe von Pflegern diese Arbeit ablehnen, sei es, daß sie dazu keine Zeit haben oder daß sie keine geeignete Wohnung haben, z. B. im vierten Stock wohnen und dergl. mehr. In solchen Bezirken sind dann ein oder mehrere Pfleger mit der Auszahlung betraut, wobei von einer persönlichen Beziehung zu dem Unterstützten selbstverständlich keine Rede ist und auch die Abholung der Unterstützung durch andere als die Unterstützten nicht immer vermieden wird.

Günstig wirkt in der Richtung auf fortgesetzte Beziehungen des Pflegers zu dem Armen die Vorschrift von Elberfeld, daß keine Unterstützung, auch diejenige, die nach menschlicher Voraussicht auf Lebenszeit gewährt werden muß, auf länger als 14 Tage bewilligt wird. Damit soll vor allem die Sicherheit gegeben werden, daß der Fall vor jeder Sitzung erneuter Prüfung unterzogen wird und daß der Pfleger über die Zustände der ihm anvertrauten Personen oder Familien dauernd ausreichend unterrichtet ist. Man kann hiergegen einwenden, daß es unzweckmäßig sei, in Fällen, wo die Fortdauer der Notlage ganz außer allem Zweifel stehe, fünfundzwanzigmal im Jahre über die Fortdauer zu beschließen. Praktisch macht sich das Verfahren aber so, daß der Fall kurz aufgerufen und ebenso kurz durch Bewilligung erledigt wird. Aber in Elberfeld und in Orten, in denen das System wirklich sorgfältig durchgeführt wird, erwartet der Vorsteher der Versammlung unter allen Umständen, daß der Pfleger jeden Augenblick bereit sei, auch in solchen Fällen jede gewünschte Auskunft zu geben. — Die Bewilligungsperioden sind im übrigen sehr verschieden bemessen; am weitesten gehen Hamburg und Berlin, die für voraussichtlich dauernd Bedürftige die Bewilligung in der Regel für die Dauer eines Jahres zulassen. Die Unzuträglichkeit liegt hier nicht in der Natur der Bewilligung an sich, sondern darin, daß nun die Verhältnisse des Unterstützungsempfängers für die Dauer des Jahres nicht mehr geprüft werden und die pflegerische Beziehung zu ihm fast ganz aufhört. In Hamburg bildet die Verpflichtung zur Auszahlung der Unterstützung durch den Pfleger in wöchentlichen Teilen ein gewisses Gegengewicht gegen den Mangel regelmäßiger Nachprüfung. In anderen Städten sind Bewilligungsperioden von 1—6 Monaten zugelassen.

Die Höhe der Unterstützung richtet sich in Elberfeld nach dem sog. Tarifsystem. Es ist ebenfalls von Elberfeld zum erstenmal eingeführt und von allen Städten, die das E. S. in seinem ganzen Umfange nachgebildet haben, übernommen worden. Das Tarifsystem hat zur Grundlage das sog. Existenzminimum, d. h. denjenigen durch Berechnung festzustellenden Mindestbetrag, mit dem bedürftige Personen oder Familien das zum Lebensunterhalt unabweisbar Notwendige bestreiten müssen und können. Dieses Minimum setzt sich aus einem Grundbetrage für das Familienhaupt und entsprechenden Beträgen für die Familienangehörigen nach Altersklassen zusammen. Die Sätze in Elberfeld sind wiederholt, zuletzt 1890, revidiert worden.

Unser Verein hat die Grundsätze über die Höhe der Unterstützung und über das sog. Existenzminimum wiederholt behandelt, und zwar in folgenden Schriften:

> Heft 19: Cuno-von Dehn-Rotfelser, Grundsätze über Art und Höhe der Unterstützungen.
> Heft 39: Schmidt-Cuno, Existenzminimum in der Armenpflege.
> Heft 43: Kayser-Martius, Natural- und Geldunterstützung.

In den Berichten und Verhandlungen ist ein überaus reiches und die Frage vollständig erschöpfendes Material angesammelt. Namentlich enthält der Bericht von Cuno eine umfassende und nach allen Richtungen hin durchgearbeitete Darstellung des Gegenstandes, auf die ich hier in erster Linie verweisen möchte.

Für den Zusammenhang unserer Betrachtung handelt es sich um die Frage, ob die Anwendung eines auf Grundlage des Existenzminimums aufgestellten Tarifes zu den wesentlichen Stücken des E. S. gehört, das unter keinen Umständen entbehrt werden kann. Theoretisch läßt sich dafür namentlich sagen, daß eine im höchsten Sinne individualisierende Armenpflege ihre Hilfe den Verhältnissen genau anpassen muß und daß sie das nur kann, wenn sie denjenigen Bedarf kennt, der zum notwendigen Lebensunterhalt erforderlich ist, und nach ihm den Fehlbetrag bemißt, der dem Einkommen des Hilfesuchenden zugelegt werden muß, damit er den nach dem Gesetz ihm zukommenden notwendigen Lebensunterhalt genieße. Allerdings setzt auch die Elberfelder Ordnung voraus, daß der nach dem Tarif sich ergebende Fehlbetrag nicht notwendig gewährt werden muß, sondern nur gewährt werden **darf**, worüber die Bezirksversammlungen nach den besonderen Verhältnissen entscheiden sollen. Der wesentlichste Einwand, der gegen das Tarifsystem vorgebracht werden kann, ist nicht aus einer theoretischen Unrichtigkeit des Systems zu entnehmen, sondern aus praktischen Bedenken, weil nur da, wo das E. S. vollständig durchgeführt werden kann, auch die Durchführung des Tarifs möglich ist. Nur da, wo eine absolut zulängliche Zahl von Pflegeorganen die allergenaueste und immer wiederholte Prüfung des Einzelfalles ermöglicht, kann auch damit gerechnet werden, daß die Prüfung des Verhältnisses des vorhandenen Einkommens zu dem notwendigen Lebensbedarf fortgesetzt erneut und richtiggestellt wird. Wo dies nicht der Fall ist, bringt die Feststellung eines Tarifes die Gefahr mit sich, daß ohne genauere Prüfung die den Tarifsätzen entsprechenden Unterstützungen gewährt, oder die Tarifsätze, weil undurchführbar und unkontrollierbar, überhaupt nicht durchgeführt werden. Besondere Schwierigkeiten ergeben sich in dieser Beziehung, wenn es sich nicht um eine leidlich seßhafte Bevölkerung handelt, mit deren Verhältnissen die Pflegeorgane dauernd vertraut bleiben können, sondern um eine fluktuierende Arbeiterbevölkerung, die einen sehr unregelmäßigen Verdienst hat. Diese Bedenken haben die Berliner und die Hamburger Armenpflege bestimmt, bei der Reorganisation nicht das Tarifsystem durchzuführen, sondern unter sorgfältiger Angabe der für die Beurteilung der Unterstützungsbedürftigkeit maßgebenden Gesichtspunkte den Pflegeorganen und der Bezirksversammlung die Entscheidung von Fall zu Fall zu überlassen und nur Beträge, die eine gewisse Höhe überschreiten, an die Genehmigung der höheren Instanz zu binden. Mit dieser Maßgabe ist dann die Höhe der Gesamtunterstützung nach oben hin überhaupt unbeschränkt.

In seinem mehrerwähnten Bericht bemerkt Hildebrandt zu diesem Punkte, daß trotz der anzuerkennenden Bedenken schon das Bestehen fester Sätze an und für sich den großen Vorteil habe, daß der Pfleger gezwungen sei, sich ein Bild der Unterstützten im ganzen zu machen, insbesondere stets von neuem auf die Feststellung der wirklichen Einnahmen und tunlichst auf deren Vermehrung zu bringen, was, wenn die Gabe mehr nach Schätzung bemessen werde, so leicht unterbleibe. „Es bildet — so sagt er wörtlich — dieser Punkt in meinen Augen so sehr ein erzieherisches Moment für die Pfleger selbst, und indirekt auch für die Armen, daß sich ihm schwer ein gleichwertiges an die Seite setzen läßt, und daß man wohl oder übel das etwas Schablonenhafte und dem Prinzip des Individualisierens eigentlich Widersprechende, das mit den Ausschlußsätzen verbunden ist, in den Kauf zu nehmen hat."

Cuno bezeichnete a. a. O. das Tarifsystem als einen integrierenden Teil des E. S., wenn er selbst auch gegen das System begründete Bedenken äußerte. Ich selbst möchte zu dem Schlusse gelangen, daß das Tarifsystem einen wertvollen, aber nicht unbedingt notwendigen Bestandteil des E. S. bilde, und daß von dem Bestehen des E. S. auch da gesprochen werden kann, wo das Tarifsystem nicht angewendet wird, sofern im übrigen die Grundsätze individualisierender Armenpflege sichergestellt sind.

2. Das Bezirks- und Quartiersystem.

Elberfeld teilt die Stadt in Bezirke und die Bezirke in Quartiere. An der Spitze jeden Bezirks steht ein Vorsteher, unter dem sich die Pfleger zu der Bezirksversammlung vereinigen. Jedem Pfleger ist ein Quartier, d. h. ein nach Straßen und Häusern bestimmt abgegrenzter Teil des städtischen Gebiets, übertragen. Der Arme, der um Unterstützung nachsuchen will, hat sich zunächst an den Quartierpfleger zu wenden. Man kann zweifelhaft sein, ob dieser Punkt zu den wesentlichen Stücken des E. S. gehört. Ich bin geneigt, es nicht zu tun, ja, umgekehrt auszusprechen, daß es sich um eine Einrichtung handelt, die vor 50 Jahren zweckmäßig erscheinen mochte, die ich aber heute für Elberfeld selbst nicht mehr für angebracht erachte, und daß Elberfeld sowie die übrigen Städte, die das System angenommen haben, wie Frankfurt, Köln, Krefeld usw., gut tun würden, es aufzugeben und zu dem reinen Bezirkssystem überzugehen, d. h. nur Armenbezirke mit der dazu nötigen Zahl von Pflegern zu bilden und dem Vorsteher, bei dem sich der Hilfesuchende zunächst zu melden hat, es zu überlassen, welchem Pfleger er den Fall zur Behandlung übergeben will. Das Bezirkssystem besteht in Berlin, Hamburg, Dresden, Leipzig, Charlottenburg, Chemnitz, Kiel u. a. m. Seine Mängel, die

namentlich in der stärkeren Belastung des Vorstehers bei dem ersten Nach=
suchen von Unterstützungen bestehen, werden durch erhebliche Vorzüge,
namentlich in größeren Städten, ausgeglichen. In größeren Städten gibt
es straßenweise Häuser, in denen sich nicht ein einziger Bedürftiger be=
findet, und andere, in denen sie Tür bei Tür wohnen. Bei der Quartier=
einteilung kann es daher sehr leicht kommen, daß ein Pfleger mehr als
die Hälfte aller zu dem Bezirk gehörigen Fälle erhält, während andere
Pfleger keinen einzigen Fall haben, was dann eine künstliche Übertragung
der Fälle von einem auf den anderen notwendig macht. Hier kann der
Vorsteher von vornherein einen zweckmäßigen Ausgleich schaffen. Außer=
dem hat dies System aber den großen Vorzug, auch individuelle Verhält=
nisse berücksichtigen zu können; der verständige Vorsteher wird einen stark
beschäftigten Geschäftsmann weniger belasten als den geschäftslosen Rentner;
er wird für Fälle, die eine besondere Energie fordern, die hierfür geeigneten
Pfleger auswählen, während er einfachere Fälle, in denen mit leichterer
Hand gegeben werden darf, dem weichherzigeren Pfleger zuweist; er kann
persönliche Verhältnisse, die Lage der Wohnung usw. berücksichtigen, kurz,
in jeder Weise mehr ausgleichen, als es bei dem Quartiersystem der Fall
ist. Auch ist, wenn ein Pfleger sich für den ihm überwiesenen Fall nicht
geeignet erweist, ein Wechsel möglich, wie denn bei einer Reihe von Fällen
überhaupt das Urteil von mehr als einer Person erwünscht sein wird;
aus diesem Grunde ist in verschiedenen Armenordnungen vorgeschrieben,
daß der Bewilligung dauernder Unterstützungen die Prüfung durch min=
destens 2 Pfleger vorhergehen muß. Mit Recht machen Kayser und Hilde=
brandt darauf aufmerksam, daß das Quartiersystem sich bei der Verwendung
von Frauen in der Armenpflege nicht durchführen lasse, während das Be=
zirkssystem Gelegenheit gebe, ungeeignete Fälle von den Armenpflegerinnen
fernzuhalten und die letzteren an der allergünstigsten Stelle, bei kinder=
reichen Familien und bei alleinstehenden Frauenspersonen, zu verwenden.
Vermieden wird diese Schwierigkeit selbstverständlich, wo die Leitung der
Armenpflege, wie in Kolmar, von der Zentralstelle aus stattfindet, indem
dort die Fälle an die einzelnen Pfleger und Pflegerinnen durch die Zentral=
stelle verteilt und hierbei die Persönlichkeit der pflegerischen Kraft ent=
sprechend berücksichtigt wird. Freilich ist das System nur in kleineren
Verhältnissen durchführbar.

3. Die Dezentralisation.

Die Armenverwaltung hat sich in den deutschen Gemeinwesen je nach
Größe und örtlicher Gewohnheit sehr verschiedenartig entwickelt. Sie wird
namentlich in kleineren Verhältnissen vielfach unmittelbar durch die zur
allgemeinen Verwaltung der Gemeindeangelegenheiten berufenen Beamten,
wie Bürgermeister, Gemeindeverordnete usw. direkt oder auch mit Hilfe
der ihnen zur Verfügung stehenden Beamten besorgt. Diese Tätigkeit ist
insoweit ehrenamtlich, als die Verwalter der Gemeindeangelegenheiten selbst
im Ehrenamte stehen. Vielfach treten den leitenden Beamten helfende ehren=
amtliche Kräfte, als Bezirksvorsteher, Armenvorsteher, Armenpfleger usw.,

3. Die Dezentralisation.

zur Seite, denen die Aufgabe zufällt, allgemein oder von Fall zu Fall die Verhältnisse der Hilfesuchenden zu prüfen, darüber Bericht zu erstatten und dadurch der leitenden Stelle die Unterlagen zur Beurteilung des Bedürfnisses und zur Gewährung der etwa erforderlichen Hilfe zu geben. Das E. S. hat den bedeutungsvollen Schritt getan, diese der Gemeinde- oder Armenverwaltung zugeordneten Hilfsorgane zu selbständigen Organen der Armenpflege zu erheben und ihnen nicht nur die Prüfung, sondern auch die Entscheidung der Armenpflegefälle zu übertragen. Sie sind dadurch unmittelbare Verwalter der zu Armenzwecken bestimmten Mittel und die eigentlichen Träger der Armenpflege geworden. Tatsächlich werden auch da, wo die pflegerischen Kräfte nur Berichterstatter sind, die Entscheidungen wesentlich den von ihnen gemachten Vorschlägen entsprechen. Es ist aber von mehr als nur formeller Bedeutung, wenn die Entscheidung selbst in ihre Hand gelegt wird. Mit dem Bewußtsein voller Verantwortlichkeit wächst die Amtsfreudigkeit und die Hingebung an die anvertraute Sache. Die Stellung der Armenpfleger als unmittelbar zur Prüfung, zur Entscheidung und zur Ausführung berufener Organe bildet daher ein so wesentliches Stück des E. S., daß eine Armenpflege, die dieses Stückes entbehrt, nicht mehr als dem E. S. angehörig erachtet werden kann. Selbstverständlich wird der Wert dieser Einrichtung nicht dadurch beeinträchtigt, daß die pflegerische Tätigkeit der Aufsicht der leitenden Behörde unterstellt ist, worauf weiter unten zurückzukommen ist.

Es braucht an dieser Stelle auf die Bedeutung ehrenamtlicher Tätigkeit in der Gemeindeverwaltung an sich nicht näher eingegangen zu werden. — Mit der Entwicklung des deutschen Gemeindewesens aus uralten Anfängen erwachsen, ist die ehrenamtliche Tätigkeit heute fest in den Rahmen des deutschen Gemeindewesens eingefügt und bildet die feste, nicht zu verrückende Grundlage bürgerlicher Selbstverwaltung. Für die Armenpflege hat sie aber noch eine besondere Bedeutung dadurch gewonnen, daß von jeher die Hilfe dem leidenden Nächsten gegenüber die private Betätigung in unzähligen Formen hervorgerufen und namentlich in der kirchlichen und in der Stiftungsverwaltung sich ganz nahe Berührungen mit der bürgerlichen und öffentlichen Armenpflege gebildet haben. Der Wert dieses Stückes des E. S. liegt darin, daß die ehrenamtliche Arbeit in ihrer vollen Bedeutung gewürdigt und dem ehrenamtlichen Pfleger die zur berufsfreudigen Übung des Amtes erforderliche Selbständigkeit gewährt wird. Durch die Bildung der Bezirke und Quartiere wird aber zugleich die Möglichkeit geschaffen, der pflegerischen Tätigkeit die richtige Stätte anzuweisen. Das in dem ersten Abschnitt betonte Moment der brüderlichen und nachbarlichen Beziehungen kommt hier zur Geltung, indem die pflegerischen Kräfte in kleinen, geschlossenen Bezirken für diejenigen wirken sollen, die ihnen nachbarlich nahe verbunden sind. In dem engeren Bezirke sind ihnen die Erwerbsverhältnisse der Bevölkerung genau bekannt; hier können sie ohne Mühe durch Besuche in den Wohnungen, durch Umfragen in der Nachbarschaft, durch unmittelbare Beobachtung des Bedürftigen ein zutreffendes Urteil über die Lage der Armen im allgemeinen und des einzelnen Armen gewinnen. Freilich setzt dieses Verhältnis nachbarliche Beziehungen voraus;

es läßt sich nicht leugnen, daß in den Großstädten, wo neuerbaute Miets=
kasernen von zahlreichen armen Familien bewohnt werden, diese nachbar=
liche Beziehung aufhört und auch der in dem Bezirk seßhafte und mit
den Verhältnissen im übrigen genau bekannte Pfleger der einzelnen Familie
doch verhältnismäßig fernsteht. Auch die wohltätige Mischung von Reich
und Arm verschwindet da, wo sich wohlhabende und ärmere Stadtteile
ausbilden, so daß es in jenen an Armen, in diesen an pflegerischen Kräften
fehlt, ein Übelstand, der sich beispielsweise in Berlin ganz empfindlich be=
merkbar macht. Neben der Qualität der Pfleger ist aber auch die Quantität
von geradezu entscheidender Bedeutung, weil, wie ich oben näher aus=
einander gesetzt habe, nur dann die Individualisierung gewährleistet werden
kann, wenn soviel helfende Kräfte zur Verfügung stehen, als die Zahl der
Bedürftigen unter dem Gesichtspunkt erfordert, daß der ehrenamtlich tätige
Pfleger jedem einzelnen Falle die volle Aufmerksamkeit widmen kann, ohne
dadurch seine eigentlichen Berufsgeschäfte hintan setzen zu müssen. Hier
liegt selbstverständlich eine gewisse Gefahr. Die Tätigkeit muß ehrenamt=
liche Tätigkeit im höchsten Sinne des Wortes sein. Der Zusatz des Wortes
„Ehre" zu dem Worte „Amt" deutet schon an, daß das Amt auch als
Ehre empfunden, nicht als Last getragen werden, daß die besten und
tüchtigsten Kräfte Träger dieses Amtes sein müssen. Auch in dieser Be=
ziehung ist die Geschichte lehrreich, die viel davon zu erzählen weiß, wie
in erster Begeisterung die Besten und Tüchtigsten sich zu dem Amt bereit
erklärten, wie nach und nach die Begeisterung nachließ, wie diese Besten
sich zurückzogen und das Amt schließlich denen überließen, die mit dem
Besitz eines solchen Amtes ihre Eitelkeit befriedigen oder die es zu ihrem
Vorteil ausbeuten wollten. Denn ein Vorteil kann dabei sein, wenn er
auch nicht auf den ersten Blick jedem ersichtlich ist. Wo beispielsweise die
Zahl der Pfleger nicht im Verhältnis zu der Zahl der Bedürftigen steht,
der einzelne Pfleger also eine verhältnismäßig große Zahl von Bedürftigen
zu versorgen hat, ist es für die Bedürftigen und diejenigen, die es einst zu
werden fürchten müssen, von Wichtigkeit sich den Pfleger bei guter Laune
zu erhalten. Hat er ein Geschäft, das vorzugsweise der Befriedigung der
Bedürfnisse kleiner Leute dient, wie Materialwarenhandlung, Bäckerei,
Schnittwaren und dergl., so wird bei ihm in der sicheren Voraussetzung
gekauft, daß er im Notfalle seine Kunden vor anderen bevorzugen werde;
hat er Gelder an Bedürftige auszuzahlen, so kann er davon — obwohl
er es natürlich nicht dürfte — das zurückhalten, was ihm die Unterstützten
schuldig sind; ja, er kann Gelder bewilligen zu dem Zweck, die Entnahme
von Waren aus seinem Geschäft zu ermöglichen. So sind denn die Schäden
nicht gering, die eintreten, wo eine nicht genügend große Zahl von pflege=
rischen Kräften zur Verfügung steht oder wo die Persönlichkeiten der
Pfleger nicht die genügende Gewähr für sachgemäße Übung des Amtes
bieten.

Die hierher treffenden Fragen sind wiederholt von unserem Verein
erörtert worden, 1894 in den Berichten von Brinkmann und Zimmer=
mann, 1900 von Kayser und Hildebrandt. Auf diese unter den
Literaturangaben näher bezeichneten Schriften muß ich hier Bezug nehmen

und mich auf Hervorhebung einiger wichtiger Punkte beschränken. In Elberfeld und in den rheinischen Städten, die das System nachbildeten, ist es durchweg gelungen, Persönlichkeiten aller Stände zu dem Werke heranzuziehen und in der Bürgerschaft allmählig die Übung zu befestigen, daß der Posten eines Armenpflegers Durchgangsstation für alle höheren Ehrenämter in der städtischen Verwaltung wurde. In Hamburg gelang es bei der 1893 ins Werk gesetzten Reorganisation in überraschender Weise, Männer der verschiedensten Berufskreise, darunter zahlreiche Richter und Beamte, für das Pflegeramt zu gewinnen. Im ganzen wird man auch heute anerkennen müssen, daß die pflegerische Tätigkeit in den deutschen Städten in guten Händen ruht und sich des Urteils erfreuen darf, das ein amerikanischer Schriftsteller, Warner, fällte, nachdem er das System der ehrenamtlichen deutschen Tätigkeit mit der bezahlten Tätigkeit der Beamten in der amerikanischen Armenpflege hatte vergleichen können. In höchstem Maße rühmt er den Wert freier, nicht bezahlter Liebestätigkeit und fügt in einer die deutschen Einrichtungen besonders anerkennenden Weise hinzu: „Gerade durch die Entwicklung des Systems der ehrenamtlichen Tätigkeit sind in Deutschland die mit der offenen Armenpflege verbundenen Gefahren beseitigt worden, und auch in unserem Lande wird durch die Entwicklung dieses Systems der Geist der Willigkeit, dem öffentlichen Wesen zu dienen, entwickelt werden."

Einen Einblick in die Stände und Berufsklassen, die sich an der Armenpflege beteiligen, gewähren die Veröffentlichungen einer Reihe von Armenverwaltungen. Ich ergänze hier die von Kayser mitgeteilten Zahlen durch die Zahlen der letzten Jahre.

	Hamburg	Breslau	Leipzig	Frankfurt a. M.
Einwohnerzahl	705 738	422 738	455 089	288 489
Armenpfleger überhaupt	1 561	1 442	975	631
Davon:				
Geistliche, Lehrpersonal	128	194	149	78
Ärzte und Apotheker	20	47	39	14
Gastwirte	3	86	6	4
Beamte (private, städtische u. a.)	114	104	79	22
Kaufleute (einschl. Handelsleute)	213	263	312	248
Handwerker und Industrielle	632	575	327	247
Haus- und Grundbesitzer, Rentiers	60	134	47	43

In erster Linie stehen durchweg die Handel- und Gewerbetreibenden; neben ihnen nehmen die Lehrer eine bedeutende Stelle ein. Man hat gelegentlich in Bezug auf die Lehrer ausgesprochen, daß sie leichter als die dem Erwerbsleben im engeren Sinne angehörigen Stände zur Bewilligung größerer Unterstützungen geneigt wären, eine Bemerkung, die ich auf Grund eigener Erfahrungen im ganzen bestätigen kann. Doch ist dem gegenüber zu bemerken, daß auf der anderen Seite sich bei Handwerkern und kleinen Kaufleuten auch leicht eine gewisse Engherzigkeit geltend macht. Im ganzen wird man Hildebrandt zustimmen können, der a. a. O. ausführt, daß es ein hoher sachlicher Vorzug sei, wenn möglichst verschiedenartige Berufsklassen in der Armenpflege vertreten seien und namentlich auch Angehörige des besseren Handwerkerstandes und Gewerbetreibende, die eine nahe Fühlung mit den ärmeren Klassen der Bevölkerung haben, als Armenpfleger tätig sind. Namentlich sei der Arbeiter selbst ein besserer Sachkenner und ein geeigneterer Richter als der in wohlhabenden Verhältnissen Lebende, der oft zu milde urteilen wird, wo Strenge am Platze wäre, und umgekehrt. Anderseits läge es auch im Interesse des Ansehens und der Autorität der Armenpfleger, dahin zu wirken, daß auch die gebildeteren und wohlhabenden Stände stark vertreten sind. Am zweckdienlichsten sei es natürlich, wenn tunlichst jeder Bezirk eine gewisse Mischung jeder Berufe aufweise, deren Angehörige sich ebenso betreffs allgemeiner Sachkunde wie hinsichtlich ihrer Erfahrungen ergänzen.

Speziell auf die Teilnahme der Arbeiter ist neuerdings die Aufmerksamkeit gerichtet worden. Für die Heranziehung findet sich eine bemerkenswerte Äußerung in dem Bericht der belgischen Kommission für die Reform des Armenwesens von 1900. Indem der Text des Gesetzentwurfs die Heranziehung von Arbeitern als Armenpfleger vorsieht, bemerkt der erläuternde Text dazu: „Die Anwesenheit eines Arbeiters wird den Erfolg haben, der arbeitenden Bevölkerung, die doch hauptsächlich an dem Werk der Wohltätigkeit interessiert ist, Vertrauen einzuflößen. Zu häufig bestehen heutzutage unter den Armen Argwohn und Mißtrauen; nichts wird besser dazu dienen können, die Vorurteile zu zerstreuen und Beschwerden ein Ende zu machen, als die Anwesenheit von Arbeitern, die an der Kontrolle teilnehmen, mitreden und ihre Ansicht aussprechen dürfen. Anderseits wird gerade der Arbeiter die Kommission über die Bedürfnisse der Armen, aber auch über die Mißbräuche bei Erlangung von Unterstützung aufklären können."

Frankfurt a. M. hat kürzlich auf diesen Punkt in dem nachstehenden Rundschreiben an die Organe der Armenpflege aufmerksam gemacht. Nachdem bemerkt worden, daß für die Wahl zum Armenvorsteher immer nur die Tüchtigkeit, niemals Religion, Beruf oder politische Überzeugung maßgebend gewesen sei, daß daher regelmäßig auch neben Angehörigen der vermögenden Stände Unbemittelte zur Mitwirkung bei der Armenpflege berufen worden seien, heißt es wörtlich:

„Für eine gute Armenpflege ist vielmehr die Mitwirkung beider Kategorien gleich wichtig. Das Armenamt kann die Mitwirkung der Vermögenden nicht entbehren, weil es von höchstem und allgemeinem Interesse ist, daß eine große Zahl der bemittelten Einwohner die Verhältnisse der Ärmeren genau kennen lernt und in enge Berührung mit ihnen tritt; sodann auch weil enge Beziehungen zwischen der öffentlichen Armenpflege und der Privatwohltätigkeit erfordert sind. Das Armenamt muß aber auch auf die Mitarbeit von Leuten zählen können, welche die Lage der ärmeren Bevölkerung, die Bedürfnisse und Beschwerden der Armen aus eigener Erfahrung beurteilen können. Hierzu sind selbstverständlich ge= werbliche Arbeiter ebenso geeignet und dem Armenamt ganz ebenso willkommen, wie kleine Handwerker, die ein selbständiges Geschäft haben, oder Handlungsgehilfen, Unterbeamte u. s. w. Lediglich werden die Gehilfen der großen Mehrzahl nach zur Versehung des Amtes um deswillen außer stande sein, weil sie bei der zur Zeit üblichen Länge des Arbeitstages nur in den frühen Morgenstunden und in späten Abendstunden zu Hause sind. Anders liegt es nur bei den Arbeitern derjenigen Geschäfte, die, wie die Gold- und Silberscheideanstalt nachmittags um 4 Uhr, oder wie die Schriftgießerei Flinsch um 5 Uhr bereits schließen. Es scheinen freilich von den Vorgeschlagenen nur die wenigsten in derartigen Geschäften in Arbeit zu stehen. Andererseits kann es nur von Nutzen sein, wenn auch von den vorgeschlagenen Personen, die nicht gewerbliche Arbeiter, sondern Gewerkschaftsbeamte, Krankenkontrolleure der Ortskrankenkasse u. s. w. sind, eine größere Anzahl zur Mittätigkeit in der praktischen Armenpflege berufen werden, um auf diese Weise den Unterschied zwischen der Arbeit des Armenpflegers und der Arbeit im Dienst der Ortskrankenkasse oder im Dienst einer wirtschaftlichen oder politischen Organisation kennen zu lernen."

Im ganzen ist aber die Zuziehung von eigentlichen Arbeitern noch sehr selten. In Stolp wurde gelegentlich, wie der Verwaltungsbericht von 1897/98 ergibt, der Vorschlag, Personen aus dem arbeitenden Stande als Armenpfleger heranzuziehen, abgelehnt.

In den angeführten Schriften unseres Vereins ist auch mit einiger Ausführlichkeit die Frage behandelt, ob und inwieweit der Ersatz der ehrenamtlichen Kräfte durch Berufsbeamte oder zum mindesten die Ergänzung der ehrenamtlichen durch berufsamtliche Arbeit zu befürworten sei. Man kann an der Frage bei Besprechung des E. S. nicht ganz vorübergehen. 1894 wurde sie durch einen Aufsatz angeregt, in dem ernstliche Zweifel daran erhoben wurden, ob die Persönlichkeiten der Pflegeorgane in Wirklichkeit den idealen Anforderungen des E. S. entsprächen; der Verfasser behauptete, daß mindestens die Hälfte der Armenpfleger ihr Amt nicht entfernt ordnungsmäßig ausüben oder ausüben können, weil sie zum Teil überhaupt nicht geeignete Persönlichkeiten seien, zum Teil der nötigen Zeit zur Ausübung des Amtes ermangelten, zum Teil ihnen auch die nötige Erfahrung und die für das Amt erforderliche Hingabe fehle. Dieser Artikel erregte, obwohl der Schreiber offenbar geringe praktische Erfahrung besaß und nur aus den Verhältnissen einer Stadt schöpfte, ein gewisses Aufsehen und forderte mannigfache Erwiderungen heraus, in denen sich die Erörterung nun sogleich auf die Frage zuspitzte, ob das Ehrenamt in der Armenpflege rein zu erhalten sei oder ob es durch ein Berufsbeamtentum ersetzt, beziehungsweise ergänzt werden müßte. Im ersteren Sinne sprachen sich die Vorsitzenden der Elberfelder und Krefelder Verwaltung, im letzteren der Vertreter der Freiburger Armenverwaltung aus. — Diese Erörterungen gaben der Leitung unseres Vereins Veranlassung, die Frage in der Vereinsversammlung zu behandeln, was 1894 und 1900 auf Grund der mehrfach erwähnten Berichte geschah. Die aus Anlaß der Berichte angestellten Erhebungen über das Material an ehrenamtlichen Organen und das Vorhandensein von Berufsbeamten ergaben das damals vielfach gewiß überraschende Ergebnis, daß auch in Städten, die das E. S. in vollem Umfange eingeführt hatten, Berufsbeamte neben den Armenpflegern angestellt waren, die nicht nur eine die Arbeit der Pfleger ergänzende, sondern sie kontrollierende, ja zum Teil ersetzende Tätigkeit üben. Besonders fiel **Dortmund** auf, in dessen Armenordnung die Obliegenheiten der Pfleger durchaus im Sinne des E. S. geregelt sind, ohne daß auf die Tätigkeit der Aufsichtsbeamten darin hingewiesen ist. Wie der letzte Verwaltungsbericht (für 1901) ergibt, sind jedoch gegenwärtig 8 Aufsichtsbeamte angestellt (bei einer Bevölkerung von rund 150 000 Köpfen), deren Tätigkeit im wesentlichen darauf gerichtet sein soll, innerhalb ihrer Bezirke eine laufende Aufsicht über die unterstützten Personen und deren Angehörige, namentlich in Bezug auf die Arbeitsfähigkeit, die Erwerbsverhältnisse, die Beteiligung bei Kassen, Unterstützung von Vereinen und Privaten, die Ermittelung von unterhaltspflichtigen Verwandten u. s. w. auszuüben; ferner sind die Verhältnisse der zugekommenen Unterstützten an Ort und Stelle festzustellen und die von den Bezirken eingerichteten Personalbogen zu prüfen. Die Beamten sollen sich bei dieser Tätigkeit möglichst mit den Armenvorstehern und Pflegern in Verbindung setzen und vorgefundene Mißstände zur Sprache bringen. Im übrigen werden die Beamten auch von den andern städtischen Verwaltungsstellen, namentlich von der Steuerbehörde, in Anspruch genommen. Der Bericht bemerkt, daß sich diese ergänzende Tätigkeit voll bewährt habe.

In **Bochum** sind ebenfalls Armenaufseher angestellt, die aber nur auf Veranlassung der Vorsteher in Tätigkeit treten, um Feststellungen zu machen, die für den Pfleger zu zeitraubend oder zu mühevoll sein würden. Die in Armenpflege befindlichen Personen werden, sofern es die Pflegeorgane oder die Aufseher für erforderlich erachten, öfters revidiert; falls dies ohne Auftrag geschieht, ist hiervon dem Vorsteher Mitteilung zu machen, wobei ihm überlassen bleibt, sich an dem Besuch zu beteiligen. Auch diese Einrichtung hat sich nach den Berichten gut bewährt. Verwandte Einrichtungen finden sich in Stuttgart, Oberhausen, Münster, Freiburg i. B., Lübeck, Bremen u. a. m. Wenn, wie namentlich in Dortmund, eine verhältnismäßig sehr große Zahl von Beamten zur Verfügung steht, die eine der pflegerischen sehr gleichartige Arbeit haben, so ist die Befürchtung nicht abzuweisen, daß entweder die Pflegeorgane sich verletzt fühlen und ihr Amt niederlegen oder nur mit Unlust weiterführen, oder, wie das häufig beobachtet worden ist, daß sie sich auf die Feststellungen dieser unteren Organe völlig verlassen und die lebendige Fühlung mit den Unterstützten selbst gänzlich verlieren. In Dortmund wurde die Neueinrichtung zunächst mit großem Mißtrauen begrüßt, da die Pfleger diese Tätigkeit als einen Eingriff in ihre Rechte betrachteten. Doch hat sich dann der Widerwille gelegt, so daß die Mitarbeit der Beamten sich nach und nach einbürgerte und bewährte. Ähnliches wird auch aus den übrigen Verwaltungen berichtet. Man wird hierin den Beweis erblicken können, daß in der Tätigkeit der ehrenamtlichen Organe in der Tat etwas gefehlt hat und daß ihre Feststellungen nicht allen Ansprüchen an Zuverlässigkeit oder Gründlichkeit genügten. Ein dieser Aufgabe in vollem Umfange gewachsenes Pflegepersonal sollte allerdings der Aufseher nicht bedürfen.

Ob ein solches Pflegerpersonal überall gefunden werden kann, ist freilich insofern zweifelhaft geworden, als in den größeren Städten eine vielfach fluktuierende Arbeiterbevölkerung lebt, für die der Gedanke nachbarlicher Verbindung, auf dem das E. S. beruht, nicht mehr ganz zutrifft; hier kann eine verstärkte amtliche Mitwirkung kaum entbehrt werden. Sie wird im übrigen tatsächlich in allen Armenverwaltungen, und auch in E. selbst, durch die Armenverwaltung und ihr Bureau geübt, das für alle juristischen Fragen, Erstattungsansprüche, Beziehungen zu den Krankenkassen, Geltendmachung von Erbansprüchen u. s. w. nicht zu entbehren ist. Soweit dann Armenaufseher Hilfsbeamte des Büreaus sind, ordnen sie sich in die allgemeine Armenverwaltung ohne weiteres ein; soweit sie aber mit wesentlich gleichartigen Aufgaben wie die Pfleger selbst betraut werden, verringern sie deren Tätigkeitsgebiet. Unser Verein hat 1894 zu der Frage durch einige Leitsätze Stellung genommen, in denen er aussprach, daß die örtliche Armenpflege in der Regel durch **ehrenamtliche** Kräfte auszuüben sei. „Eine allgemeine Ausnahme von dieser Regel ist nur bei den in Groß- und Fabrikstädten sich für die Ausübung der Armenpflege ergebenden Schwierigkeiten und auch nur insoweit zuzulassen, als den dann neben den Ehrenbeamten zu verwendenden Berufsbeamten eine Unterstützung der ehrenamtlichen örtlichen Organe aufzutragen ist. Diese Tätigkeit der Berufsbeamten soll jedenfalls auf tatsächliche Feststellungen beschränkt bleiben, die außerdem vor weiterer Benutzung den ehrenamtlichen Organen zur Nachprüfung mitzuteilen sind. Jedenfalls darf eine Gefährdung der Berufsfreudigkeit und des Verantwortlichkeitsgefühls der ehrenamtlichen Organe nicht entstehen."

In der Jahresversammlung von 1900 wurde dann ein verwandter Beschluß gefaßt, der namentlich die Organisationsfrage betont. Der erste Teil lautet: „Um ihren Zweck zu erfüllen, muß die Armenpflege derart organisiert sein, daß die Pflegekräfte in genügender Zahl vorhanden sind und in sachgemäßer Weise verteilt werden, damit jeder Unterstützungsfall eine erschöpfende und seiner Besonderheit entsprechende Behandlung finde." Man kann bei der Betrachtung des E. S. in der Tat die „Organisation" gar nicht genug betonen. Sie ist Anfang und Ende.

Für absehbare Zeit dürfen wir, wie ich glaube, in Deutschland damit rechnen, daß eine genügende Zahl geeigneter ehrenamtlicher Kräfte der Armenpflege zur Verfügung stehen wird, namentlich wenn in reicherem Maße von dem weiblichen Element Gebrauch gemacht wird. Der Wert des ehrenamtlichen Elements gegenüber dem berufsamtlichen liegt auch keineswegs nur in der Prüfung und Behandlung des Einzelfalles; er liegt in dem Vorzug, den freiwillige Arbeit gerade auf dem Gebiet der Armen- und Wohlfahrtspflege an und für sich besitzt. Gewiß wird der pflichttreue Beamte auch ein Herz für die Notleidenden haben können; er wird zweifellos den Anweisungen seiner Vorgesetzten bereitwilliger und pünktlicher Folge leisten, als der Ehrenbeamte; aber er wird, wie dies die Geschichte des Armenwesens namentlich an den Armen- und Bettelvögten zeigt, in der Regel diese Vorzüge durch einen wesentlichen Mangel wett machen, den Mangel lebendigen Verständnisses für die Not der Armen und lebendiger menschlicher Beziehungen zu ihnen. Nichts drängt ihn über seine Pflicht hinaus; die tausend Bedürftigen sind ihm nicht Individuen, die fühlen und empfinden wie er, sondern Gegenstand einer amtlichen Pflicht, denen er pflichtmäßiges Interesse entgegenbringt; die Pflichtmäßigkeit führt zur Schablone, die Schablone zur Gleichgültigkeit, die Gleichgültigkeit zur Härte. Wie anders eine Schar von Bürgern, die von der Not ihrer Mitmenschen ergriffen, sich dem Liebeswerke widmen, über das hinaus, was sie amtlich leisten sollen, menschliches Interesse dem Bedürftigen entgegenbringen, sich auch über das Maß der öffentlichen Mittel hinaus seiner annehmen, ihn zum Gegenstande besonderer Fürsorge in der eigenen Familie machen, ihre Frauen und Töchter anregen, auf ihre Weise mitzuhelfen. Dem Bürger, der mitten im Leben steht, der die Verhältnisse seines Bezirks persönlich genau kennt, eröffnet sich auch schon dadurch die Möglichkeit lebensvoller und nützlicher Tätigkeit. Daraus ergibt sich aber ein weiterer, in seiner Bedeutung nicht zu messender Nutzen für die Gesamtheit durch die unmittelbare Beziehung einer so großen Zahl von Helfern zu den Notständen der ärmeren Klassen. Das Elend lernen sie aus unmittelbarer Anschauung kennen; anders sprechen sie über die Bedeutung der Wohnungsfrage, wenn sie die Höhlen gesehen haben, in denen viele ihrer Schutzbefohlenen hausen müssen, anders über die Notwendigkeit guter ärztlicher und geburtsärztlicher Hilfe, wenn sie die furchtbaren Wirkungen wahrnehmen, die Krankheit, verbunden mit Armut im Gefolge hat, anders über Schule und Erziehung, wenn sie sich davon überzeugen müssen, daß unter gewissen Verhältnissen Kinder gar nichts anderes werden können, als Bettler und Verbrecher. So tragen sie den Notschrei der Armen, der so selten nach außen bringt, in die Öffentlichkeit, wiederholen ihn vor den Ohren der Machthaber und werden so zu den wirksamsten Förderern guter Sozialpolitik.

4. Frauen in der Armenpflege.

Auch an der Frage der Beteiligung der Frauen an der öffentlichen Armenpflege kann ein Bericht über das E. S. nicht vorbeigehen. Sie von Grund aus hier zu erörtern, liegt kein Anlaß vor, da die Frage ebenfalls von unserm Verein und von andern Stellen in den in dem Literaturüberblick nachgewiesenen Schriften ausführlich und man darf sagen, bis auf weiteres abschließend behandelt worden ist. Es sind nicht nur die Frauen, die für ihr Geschlecht eintreten. Sondern unser Verein, an dessen Leitung Frauen keinen Teil haben, der preußische Städtetag, der ebenfalls nur von Männern geleitet und beschickt wird, haben übereinstimmend die Notwendigkeit der Heranziehung von Frauen zur öffentlichen Armen= und Waisenpflege ausgesprochen, in erster Linie durch unmittelbare Eingliederung der Frauen in die öffentliche Armenpflege mit gleichen Rechten und Pflichten wie die Männer, in zweiter Linie durch Ermöglichung einer ergänzenden, mit der Armenpflege verbundenen Tätigkeit, überall aber durch Herstellung geordneter Verbindung zwischen der öffentlichen Armenpflege und den Vertretern weiblicher Hilfstätigkeit.

Der Begründer des E. S. hat an die Zuziehung von Frauen in die öffentliche Armenpflege sicher nicht gedacht; aber nicht deshalb hat er sie vergessen, weil er ihre Tätigkeit geringer schätzte als die der Männer, sondern weil es sich bei der entschiedenen Betonung der mit der neuen Ordnung einzuführenden Armenpflege als einer bürgerlichen Armenpflege um eine öffentliche Tätigkeit als Vertreter der Gemeinde und Verwalter von Gemeindevermögen handelte, an denen Frauen teilzunehmen nicht befugt waren. Die Tätigkeit der Frauen auf dem Gebiet der Armen- und Wohlfahrtspflege ist im übrigen wohl an keiner Stelle Deutschlands früher und vorurteilsloser gewürdigt, als gerade von den Bekenntnisgenossen v. d. Heydts. Aus seinem Lebenskreise ist die Wiedererweckung der evangelischen Diakonie durch Fliedner hervorgegangen.

Wenn also die Frage der Frauentätigkeit in der öffentlichen Armenpflege zur damaligen Zeit nicht erörtert wurde, so war dies aus dem Charakter der öffentlichen Armenpflege verständlich. Inzwischen ist eben diese Bewegung vom Niederrhein erstarkt; sie hat zu der ungeheuren Entfaltung des Diakonissen- und weiblichen Pflegewesens geführt und neben den geistlichen Genossenschaften auch die zahlreichen weltlichen Pflegerinnen, namentlich die des roten Kreuzes, ins Leben gerufen. Die Privatwohltätigkeit, die von jeher durch Frauen gepflegt wurde, hat sich so nahe an die Gebiete der öffentlichen Armenpflege herangebegen, daß diese ihre Arbeit nicht mehr unberücksichtigt lassen konnte. So sind denn zunächst Verbindungen zwischen der öffentlichen Armenpflege und dem Frauenverein entstanden, die namentlich in Elberfeld selbst fast einer Beteiligung der Frauen an der öffentlichen Armenpflege gleichkamen.

Neben dieser in allen Fachkreisen wachsenden Erkenntnis von der Bedeutung der Frauenarbeit gerade auf dem Gebiet der Armen- und Wohlfahrtspflege wurde freilich die Frauenbewegung selbst von Bedeutung, die darauf hindrängt, den Frauen und insbesondere denjenigen Frauen, deren Leben von anderen Pflichten nicht in Anspruch genommen ist, ein Feld der Tätigkeit gerade auf dem, dem weiblichen Verständnis und den weiblichen Fertigkeiten am nächsten liegenden Gebiete zu eröffnen. Nicht Emanzipation im übeln Sinne des Wortes, sondern Freiheit der Frau, überall da ihre Kräfte und Fähigkeiten verwenden zu dürfen, wo ihre Verwendung möglich, nützlich oder gar nötig ist.

Übereinstimmend wird aus fast allen Armenverwaltungen berichtet, daß die männlichen Pflegeorgane mit Mißtrauen, ja mit Widerwillen der Einführung von Frauen in die Armenpflege gegenüber gestanden hätten und zum Teil noch stehen. Dieser Widerwille hat seine Ursache zum größeren Teil in ganz andern Erwägungen, als in denen armenpflegerischer Art. Die Befürchtung, daß die Frau mit dem Schritt in die öffentliche Armenpflege den ersten Schritt in die Gemeindeverwaltung mache, daß die Mitwirkung der Frau die gewohnte Freiheit der Männer in ihren Versammlungen und Besprechungen beeinträchtigen werde und endlich jene bekannte Abneigung gegen alles Neue sind in erster Linie maßgebend gewesen. Auch in Elberfeld, wo das oben erwähnte sehr gute Verhältnis der Armenpflege zu dem Frauenverein besteht, ist die Einführung von Frauen, die ganz neuerdings durch Ortsstatut zugelassen ist (vergl. den Festbericht), gerade aus pflegerischen Kreisen mit geringer Freude begrüßt worden. Dennoch wird sich auch hier der Eintritt der Frauen sicher und vollständig vollziehen, wie er sich in einer Anzahl Verwaltungen bereits vollzogen hat. Gerade die Einsicht in den wahren Wert des E. S. muß hierzu wesentlich beitragen. Wenn das E. S. in Wahrheit aufgebaut ist auf dem Grundsatz der Individualisierung und der Dezentralisation, wenn seine Organe in Wahrheit Freunde und Helfer der Armen sein sollen, so müssen die Freunde und Verteidiger des Systems erkennen, daß gerade die Frauen berufene Helfer und Freunde der Armen sein können und sein müssen. Die Fähigkeit der Frauen für das Haus und häusliches Leben macht sie gerade geeignet, den Haushalt und die Wirtschaftsführung der ärmeren Bevölkerung zu verstehen; ihre angeborene Neigung zu Kindern, ihre unzweifelhafte Fähigkeit zur Krankenpflege sind ebenso viele in der Armenpflege wirksame Momente.

Von Städten mit E. S., die die Frauen mit gleichen Rechten und Pflichten in die öffentliche Armenpflege eingegliedert haben, sind als älteste Kassel, als jüngste Wiesbaden zu nennen, dessen Armenordnung vom Dezember 1902 die Armenpflegerinnen als die mit den Armenpflegern gleichberechtigten Organe der Armenverwaltung nennt. Von andern Städten ragt namentlich Bonn hervor, das 1899 diesen Schritt getan hat; Bonn nimmt insofern eine besondere Stelle ein, als es die einzige Stadt Deutschlands ist, wo das weibliche Element das männliche überwiegt. Nach dem letzten Verwaltungsbericht waren neben **62** männlichen Pflegern **88** Armenpflegerinnen in den Bezirken tätig. Andere Städte sind Berlin, Köln, Düsseldorf, Frankfurt a. M., Königsberg, Posen, Danzig, Erfurt, Glogau u. a. m. In Berlin geht, trotz angestrengter Bemühungen des Leiters des Armenwesens, die Sache sehr langsam vorwärts, was wesentlich mit dem von den Armenkommissionen geleisteten Widerstande zusammenhängt. Wo aber Frauen bisher in der Berliner Armenpflege tätig geworden sind, ist von ihnen nur Günstiges zu berichten. Ähnlich liegt es in Königsberg. Ebenso wird in Köln, wo zur Zeit nahe an 50 Pflegerinnen tätig sind, nur das Günstigste berichtet. Die anderwärts vielfach gehegte Befürchtung, daß die Mitwirkung der Frauen zu größeren Geldausgaben und damit zu einer höheren Belastung des Armenetats führen werde, hat sich als unbegründet herausgestellt. Der Verwaltungsbericht von Posen, wo Ende März 1902 46 Frauen tätig waren, spricht aus, daß die Mitarbeit der Frauen außerordentlich segensreich und unentbehrlich sei. In Magdeburg sind in 3 Bezirken je eine, in 18 je zwei Armenpflegerinnen tätig. Bemerkenswert ist, daß in denjenigen Städten, die sich das Quartiersystem des E. S. zu eigen gemacht haben, die Frauen kein eigenes Quartier zugewiesen erhalten, sondern ihnen Pflegefälle innerhalb des gesamten Bezirks zur Prüfung übergeben werden, die sich für die Entfaltung weiblicher Tätigkeit besonders eignen (Fürsorge für alleinstehende Frauen, kinderreiche

Familien), wie dies für Köln und Düsseldorf, Frankfurt a. M. beispiels=
weise angeordnet ist.

In andern Städten vollzieht sich die Einführung der Frauentätigkeit
langsamer, sei es daß Frauen nicht mit beschließender, sondern nur mit
beratender Stimme zugelassen sind oder daß Vertreterinnen eines Frauen=
vereins als Helferinnen für bestimmte Aufgaben der Armenpflege den Be=
zirken helfend zur Seite stehen. Jedenfalls läßt sich mit Sicherheit be=
haupten, daß heute keine Armenverwaltung die Frage mehr unberührt läßt
oder unberührt lassen kann. Mir liegen Berichte aus den verschiedensten
Teilen Deutschlands vor, die diese Tatsache erkennen lassen. Ich erwähne
den Antrag des Breslauer Magistrats an die Stadtverordnetenversammlung
vom Januar 1902 auf Zulassung der Frauen mit gleichen Rechten und
Pflichten wie die Männer, eine Bekanntmachung der Braunschweiger Armen=
direktion vom Februar 1903, worin die Armenbezirke auf den Wert weib=
licher Tätigkeit aufmerksam gemacht und sie zur Heranziehung von Frauen
als Gehilfinnen ermächtigt werden; ein Ersuchen Bochums vom Januar 1903
um Zuziehung von einigen Frauen; ein Beschluß der an der Armenpflege
beteiligten Organe der Stadt Oberhausen vom Mai 1903, die Mitglieder
eines neu gegründeten vaterländischen Frauenvereins als Helferinnen in
der öffentlichen Armenpflege und zwar je zwei Frauen für jeden Armen=
bezirk heranzuziehen; den Beschluß der Stadt Oldenburg von 1902,
Frauen als Gehilfinnen heranzuziehen, da ihnen nach dem Gesetz volle
Gleichberechtigung nicht gewährt werden kann; die Begrüßungsworte, mit
denen der Leiter des Armenwesens von Osnabrück im März 1903 die
neugewählten Armenpflegerinnen einführte usw. Es ist nicht zu bezweifeln,
daß der gesunde, durchaus den Grundgedanken des E. S. entsprechende
Gedanke zunehmende Verbreitung findet und in absehbarer Zeit die Teil=
nahme der Frauen an der öffentlichen Armenpflege allgemein durchgeführt
sein wird.

Während der Bearbeitung dieses Abschnittes geht mir eine Mitteilung
von Offenburg vom 18. d. M. zu, wonach dort durch das neue Orts=
statut über die Verfassung und Verwaltung der Stadtgemeinde die Zu=
lassung der Frauen zur Armenpflege in weitestem Umfange ausgesprochen
ist und vor allem auch Frauen in beschränkter Zahl zu vollberechtigten
Mitgliedern der leitenden Behörde des Armenrats sollen berufen werden
können. Infolgedessen ist nunmehr das Armenkollegium vom Stadtrat
ernannt, das aus 24 Mitgliedern und zwar 17 Männern und 7 Frauen
besteht. Bemerkenswert ist die Hinzufügung, daß die Gewinnung von
Frauen als Pflegerinnen gar keine Schwierigkeiten bereitet habe, während
die Aufbringung der erforderlichen Anzahl Männer nicht ganz leicht ge=
wesen sei.

5. Die Tätigkeit der Zentralstellen.

Jede Dezentralisation bedarf zu ihrer notwendigen Ergänzung der
Zentralisation, d. h. Einzelglieder, denen eine bestimmte Funktion zugeteilt
ist, bedürfen des Zusammenhalts durch ein verbindendes Glied, wenn sie
nicht auseinander fallen sollen. Die Selbständigkeit, die nach dem E. S.

den Bezirken eingeräumt ist, würde in Willkür, Einseitigkeit und Planlosigkeit ausarten, wenn nicht eine leitende Stelle die Tätigkeit der Bezirke überwachte, auf Festhaltung der gesetzlichen und statutarischen Bestimmungen achtete, durch allgemeine Verfügungen, durch Anordnungen und Belehrungen auf den Gang der Geschäfte auch in den einzelnen Bezirken hinwirkte. Die Aufgabe ist nicht leicht. Selbstverständlich besitzt jede Armenverwaltung eine leitende Stelle, die als Armendirektion, Armendeputation, Armenkollegium, Armenamt usw. bezeichnet, von einem Mitglied der Gemeindebehörde geleitet und, dem ehrenamtlichen System entsprechend, mit einer Reihe bürgerlicher Kräfte besetzt ist, die teils den Leiter der Verwaltung bei der Führung der Geschäfte unterstützen, teils als Gesamtversammlung die auf die Verwaltung des Armenwesens bezüglichen Beschlüsse fassen. Hierüber bedarf es keiner weiteren Ausführung, da die Leitung einzelner Zweige der Selbstverwaltung durch Verwaltungsdeputationen dem System der Selbstverwaltung selbstverständlich ist. Doch hat gegenüber anderen Zweigen der Verwaltung die Armenverwaltung ihre besonderen Eigentümlichkeiten. Sie steht erstens einer ungewöhnlich großen Zahl kleinerer dezentralisierter Bezirke mit zahlreichen einzelnen Persönlichkeiten gegenüber und hat es in diesen mit Persönlichkeiten zu tun, die ehrenamtlich tätig sind und daher nicht von besoldeten Beamten durch einfache Dienstbefehle geleitet werden können. Wer in der Praxis der ehrenamtlichen Armenpflege steht, weiß, wie schwer es ist, den richtigen Ton gegenüber den ehrenamtlichen Organen zu treffen und wie leicht ein Befehl widerwillig aufgenommen und entweder nicht befolgt wird oder gar den Empfänger des Befehls zur Niederlegung seines Amtes veranlaßt. Gerade die Freiwilligkeit des Amtes ist es, die die Leitung schwierig macht. Zuweilen schleicht sich bei dem Inhaber des Ehrenamtes ganz leise das Gefühl ein, das der Berufsbeamte nicht kennt, daß das Amt ja freiwillig verwaltet werde und es daher nicht immer so genau genommen zu werden brauche. Man läßt die Geschäftstätigkeit dieser ehrenamtlichen Tätigkeit vorgehen, man wird ungeduldig, wenn die Beachtung fester Grundsätze gefordert wird, von den Ausschreitungen, die Ehrgeiz, Eitelkeit oder sonstige weniger würdige Motive hervorbringen mögen, zu geschweigen. Dieser Mannigfaltigkeit der persönlichen Meinungen und Empfindungen gegenüber bedarf es eines stetigen, mäßigenden Einflusses, durch den an der einen Stelle zurückgehalten, an der anderen aufgemuntert werden kann, durch den vor allem Einheit in der Geschäftsführung, Gleichmäßigkeit in der Anwendung der Gesetze und Ordnungen und die stete Bereitschaft zur Hilfe sichergestellt wird. Hier kann mit der oben besprochenen Maßgabe die Mitwirkung besoldeter Hilfskräfte nützlich werden. Vor allem aber ist es unbedingt nötig, daß die Leitung der Armenverwaltung sich direkt oder indirekt dauernd mit den Bezirken und ihren Organen in Fühlung erhält, möglichst persönliche Kenntnis der Verhältnisse gewinnt, für die ehrenamtlichen Organe jederzeit zu haben ist und die Fähigkeit besitzt, suaviter in modo, aber fortiter in re aufzutreten.

Die Form, in denen sich die Verwaltung die Kenntnis der Geschäfte verschafft und ihren Einfluß zur Geltung bringt, sind die regelmäßige Vorlage der in Bezirkssitzungen niedergeschriebenen Beschlüsse, der Besuch der Sitzungen durch den Leiter oder Mitglieder der Verwaltung, die Teilnahme der Bezirksleiter an den Sitzungen der Armenverwaltung, in denen die Beschlüsse der Bezirke der Revision unterliegen.

Auch hier gibt der Bericht von Kayser gutes und vollständiges Material in den Abschnitten über Bewilligungsrecht (§ 12) und Dienstaufsicht (§ 14), Belehrung und Fortschritt (§ 15), auf die ich im allgemeinen verweise. Wie aber auch die Aufsicht gestaltet sei, sie muß die Selbständigkeit der Bezirke zur Beschlußfassung über die Bewilligung in der offenen Armenpflege nicht nur materiell, sondern auch formell unangetastet lassen; materiell geschieht dies schon in der Regel dadurch, daß es fast unmöglich ist, die schriftlich der Armenverwaltung zur Kenntnis gebrachten Beschlüsse im einzelnen nachzuprüfen, so daß tatsächlich da, wo sich die Verwaltung die Genehmigung der Beschlüsse vorbehalten hat, es im Grunde auf eine Äußerlichkeit hinausläuft, durch die an dem materiellen Bewilligungsrecht nichts geändert wird. Aber gerade deshalb verdient die Überlassung des formellen Rechts, wie es im Sinne des E. S. liegt, den Vorzug, weil sie den Pflegeorganen das Gefühl gibt, daß sie nicht nur prüfen und vorschlagen, sondern daß sie selbst entscheiden. Gerade in diesem Punkte liegt der bedeutsame Schritt, den der Begründer des E. S. seinerzeit getan hat. Erregen die Beschlüsse Bedenken im Einzelfalle, so können sie nachträglich beanstandet und kann daraus eine Anregung entnommen werden, auf Mißbräuche und Mißverständnisse aufmerksam zu machen. Die Fassung der Beschlüsse ist also zweckmäßig den Bezirken nicht unter Suspensiv=, sondern unter Resolutivbedingungen zu überlassen. Die Gewährung dieser Befugnis stärkt die Berufsfreudigkeit und erhöht das Verantwortlichkeitsgefühl. Nur darf man sich auch in diesem Punkte keiner Täuschung über die Wirksamkeit papierener Vorschriften hingeben. Auch hier beruht der Wert der Selbständigkeit der Bezirke auf der einen Seite und der Wert der Aufsicht und Leitung auf der anderen Seite lediglich in der Organisation, d. h. in der Gestaltung der Verwaltung in der Weise, daß zuverlässige Prüfung und Beschlußfassung in den Bezirken und Einsicht in die Tätigkeit der Bezirke auch wirklich möglich ist. Wenn, wie in Hamburg vor 1893, wie in Nürnberg noch gegenwärtig, die Zahl der Pflegeorgane so gering ist, daß ordnungsmäßige Prüfung nicht möglich ist, so wird keine Dienstaufsicht hindern, daß Unterstützung an Personen gewährt wird, die deren nicht bedürftig sind, und daß Personen unberücksichtigt bleiben, die dringend der Hilfe bedürfen. Also auch hier beruht die Wirksamkeit des Systems auf der Erfüllung dieser wichtigsten Voraussetzung, der Individualisierung. Ebenso kann eine Aufsicht nicht geübt werden, wenn die Zahl der Pflegeorgane und der Umfang ihrer Tätigkeit im Verhältnis zu der leitenden Stelle so gewachsen ist, daß ihre Kraft zur Übung der Aufsicht nicht mehr ausreicht. Hier schiebt sich dann der berufsmäßige Beamtenorganismus ein, dessen Glieder mit der Prüfung der Protokolle und Akten betraut sind und an deren Tätigkeit sich die Geltendmachung von Erstattungsansprüchen an Armenverbände, Kassen, Berufsgenossenschaften usw. anschließt. Hier ist hauptsächlich zu scheiden zwischen der formellen Prüfung, d. h. der rechnerischen Übereinstimmung der in den Beschlüssen angegebenen Zahlen und der geistigen Übereinstimmung mit Geist und Sinn der Gesetze und der Armenordnung. Die erste kann ganz und gar den Beamten überlassen bleiben, die andere ist Sache der leitenden Stelle, des Vorsitzenden und der ihm zur Seite stehenden ehrenamtlichen Mitglieder der Armenverwaltung. Hierbei ist auf persönliche Fühlung mit den Bezirksleitern und auf Teilnahme an den Bezirkssitzungen entscheidender Wert zu legen.

Kayser berichtet a. a. O. über die Konferenzbezirke in Hannover, die aus mehreren Bezirken gebildet werden, die monatlich zu einer Sitzung unter dem Vorsitz eines Verwaltungsmitgliedes zusammentreten und von der Einrichtung einiger Städte, z. B. Mannheim und Danzig, in denen mehrere Bezirke je einem Mitgliede der Armenverwaltung zur Überwachung überwiesen sind. In Hamburg sind eine Reihe von Bezirken, in der Regel nicht mehr als zehn, zu einem Armenkreise zusammengeschlossen, der einem Mitgliede des Armenkollegiums unterstellt ist und allmonatlich eine Sitzung abhält. Gegenwärtig gibt es deren elf. Den Kreisen ist die Beschlußfassung übertragen, wenn die Bewilligung der Bezirke die von dem Armenkollegium festgesetzten Höchstsätze überschreitet, wenn es sich um Übernahme eines Bedürftigen in eine Anstalt und wenn es sich um eine Beschwerde wegen Verweigerung von Unterstützung handelt. Der Wert der Einrichtung, die sich vorzüglich bewährt hat, liegt darin, daß ein Mitglied der leitenden Behörde die von dieser festgesetzten Auffassungen und Gesichtspunkte in die Kreisversammlung hineinträgt und ein Bindeglied zwischen Bezirk und Armenkollegium bildet. Ebenso wichtig ist, daß die zu derselben Stadtgegend gehörigen Vorsteher sich kennen lernen, miteinander manche Erfahrungen austauschen können und gegenseitig bei dieser Geschäftsführung einwirken können, da sie für gewisse Unterstützungen, namentlich solche von besonderer Höhe, als Mitglieder der beschließenden Instanz mitwirken. Endlich ist das Armenkollegium selbst von der unmittelbaren Aufsicht der Bezirke entlastet, ohne die Fühlung mit der praktischen Pflegetätigkeit, die ihm durch seine als Kreisvorsteher tätigen Mitglieder vermittelt wird, zu verlieren.

In Berlin ist dieselbe Einrichtung seit 1. Februar 1903 eingeführt. Die Ausführung ist schwieriger, weil Berlin die dreifache Größe von Hamburg hat und es hier weniger leicht ist, geeignete Persönlichkeiten zu gewinnen. Doch ist es bis jetzt möglich gewesen, die Stellen aus den Mitgliedern der Armendirektion zu besetzen, die sich mit großem Eifer und augenscheinlichem Erfolge der ihnen anvertrauten Aufgabe annehmen. Die zu Kreisversammlungen zusammentretenden Vorsteher sind mit der Einrichtung ebenfalls zufrieden, da sie ihnen die bisher entbehrte Möglichkeit gewährt, mit den Vorstehern der benachbarten Bezirke in Verbindung zu treten. Auch hier ist der Umstand für die Erhöhung des Verantwortlichkeitsgefühls von Bedeutung, daß die in der Kreisversammlung vereinigten Vorsteher die Befugnis selbständiger Entscheidung besitzen. In den Kreisversammlungen fungieren Beamte der Armendirektion als Protokollführer.

5. Die Tätigkeit der Zentralstellen.

Ich möchte in diesem Zusammenhange den Wunsch aussprechen, daß unser Verein die formale oder, wenn man will, die bureaukratische Seite der Armenverwaltung einmal näherer Betrachtung unterzöge: d. h. die Einteilung der Verwaltungsgeschäfte, die materielle und formelle Prüfung der Beschlüsse, die Anlegung der Akten, die für die Armenpflege erforderlichen Formulare und dergl. Man spricht von diesen Dingen oft geringschätzig; namentlich lieben es die ehrenamtlichen Organe, von Formalismus, Bureaukratie, Schreiberei und dergl. etwas verächlich zu sprechen, während der Wert guter Formularanordnung nie zu hoch geschätzt werden kann. Man gestatte einen naheliegenden Vergleich. Kein Mensch wird behaupten, daß der Kaufmann schon darum ein guter Kaufmann sei, weil er sein Hauptbuch richtig führen läßt. Aber es ist doch kein Zufall, daß die Strafgesetzgebung denjenigen mit Strafe bedroht, der seine Hauptbücher liederlich oder unrichtig führt. Das Hauptbuch dient dazu, über den Stand des Vermögens, der ausstehenden Forderungen, der Schulden usw. schleunig zuverlässigen Aufschluß zu gewähren. Nicht anders ist es mit den Akten, Registern und Formularen der Armenverwaltung. Wenn die Beschlüsse einer schlecht organisierten Pflegerschaft in gutgeführten Protokollen niedergeschrieben werden, so werden sie dadurch selbstverständlich nicht wertvoller; aber selbst die besten Beschlüsse kommen nicht zur Geltung, wenn sie nicht an der richtigen Stelle und in der richtigen Weise aufgezeichnet sind; unübersichtlich geführte Akten und Bücher erschweren die Durchsicht und Aufsicht und führen schließlich dazu, diesen Teil der Arbeit zu vernachlässigen. Das Formular hat gewiß keine selbständige Bedeutung. Wenn aber für Fälle, die viele tausend Male in gleicher äußerer Erscheinung wiederkehren, ein gut überlegtes und zweckmäßig angelegtes Formular den Benutzer sofort auf diejenigen Punkte hinführt, die zu wissen nötig ist, so wird eben nichts Wesentliches übersehen und jede Frage an der richtigen Stelle beantwortet. Der Bearbeiter gewöhnt sich, die Antwort an der einen Stelle zu finden. Man kann freilich auch in Formularen des Guten zu viel tun. Mir scheint, man sollte als Richtschnur hinstellen, das Schreibwerk für die Bezirke auf das geringste Maß zu beschränken, die Erledigung dieses Schreibwerks durch gute Formulare unterstützen und auf deren sorgfältigste Ausfüllung unbedingt halten. Alle formale Arbeit muß in die Hand der besoldeten Beamten gelegt werden. Wenn man das Wort nicht mißverstehen will, möchte ich sagen: der Geist der Armenpflege sei bei den Pflegern, die Form bei den Beamten. Wird hierin das richtige Verhältnis gefunden, so wird genug Geist in die Tätigkeit der Beamten von den Pflegern hineindringen und wird die Tätigkeit der Pfleger in die Bahn korrekter Arbeit nach der formalen Seite gelenkt werden, die auch für die freieste ehrenamtliche Arbeit nicht entbehrt werden kann.

III.
Die Erfolge des Elberfelder Systems.
1. Finanzielle und soziale Wirkungen.

Die technische Tätigkeit hat vor der Arbeit auf wirtschaftlichem und sozialem Gebiet zwei ungeheure Vorzüge; der eine ist, mit bekannten Größen rechnen und in jedem Falle die Probe auf das Exempel machen können, und der zweite, daß sie mit ihrer Aufgabe einmal fertig wird. Die Brücke, die der Ingenieur baut, das Haus, das der Architekt errichtet, die Maschine, die in der Werkstatt zusammengesetzt wird, sie werden nach bekannten physikalischen Gesetzen hergestellt; sie sind da, oder sie sind nicht da; die Brücke wird benutzt, das Haus bewohnt, die Lokomotive schleppt den Zug; ihre Benutzbarkeit bildet die Probe auf das Werk. In der nichttechnischen Geistesarbeit muß man auf diese Vorzüge verzichten. Eine Staatsverfassung mag auf den gelehrtesten Studien beruhen, ein Strafgesetzbuch das Ergebnis der neuesten Forschungen enthalten; wie jene auf die Entwicklung des Staatswesens wirkt, wie diese die Kriminalität beeinflußt, davon geben Ziffern keine oder nur eine sehr getrübte Anschauung. Tausend Umstände — die sog. Imponderabilien — sind unberechenbar; ein glücklich oder unglücklich geführter Krieg entscheidet über den Fortbestand der Verfassung; günstige wirtschaftliche Verhältnisse, geordnetes Schulwesen, zielbewußte Wohlfahrtspflege sind für die Häufigkeit und Schwere der Verbrechen von einschneiderer Bedeutung als Inhalt und Geist des Strafgesetzbuches. Auch zeigen sich Fehler der Arbeit keineswegs mit jener Deutlichkeit, wie sie der Einsturz der Brücke oder des Hauses, wie sie das Platzen des Kessels etwa verrät. Gerade die imponderablen Momente können über Wert oder Unwert von Gesetzen und Einrichtungen sehr lange täuschen, weil sie indirekt viel bedeutender einwirken als die anscheinend maßgebenden Umstände. Wer auf volkswirtschaftlichem oder sozialem Gebiet neue Bahnen einschlägt, wird selten den Erfolg oder Mißerfolg seiner Tätigkeit erleben, und auch hier können wirtschaftliche Strömungen aller Art, unerwartete und unberechenbare Einflüsse den Erfolg hemmen oder begünstigen oder können den Anschein des Erfolges oder Mißerfolges erwecken, ohne daß ein Erfolg oder Mißerfolg wirklich eingetreten ist. Und wer vermag schließlich darüber zu urteilen, ob es ein Erfolg oder ein Mißerfolg ist. Auch das Urteil hierüber hängt wieder von tausend Umständen ab, die von der leicht beweglichen öffentlichen Meinung falsch oder richtig gedeutet werden können. Wir glauben eine Wahrheit zu besitzen und rühmen uns ihrer, ohne zu bedenken, daß Väter und Vorväter sich im Besitz von Wahrheiten wähnten, die die Nachwelt als Irrtümer brandmarkte.

Wer von den Erfolgen des E. S. sprechen will, dem drängen sich solche Betrachtungen unwillkürlich auf. Die Geschichte des Armenwesens lehrt, daß die besten Einrichtungen des Armenwesens versagen, wenn die staatliche Ordnung gelöst ist, die öffentliche Sicherheit gestört, oder wenn

1. Finanzielle und soziale Wirkungen.

die Erwerbs- und Wirtschaftsverhältnisse in erheblichem Maße zurückgegangen sind; und sie lehrt wiederum, daß die schlechteste Verwaltung des Armenwesens im Grunde wenig bedeutet, wenn staatliche Ordnung, Wohlfahrtspflege und vor allem die Pflege eines gesunden Wirtschaftslebens das Ihrige getan haben. Ist die Armut das Ergebnis einer großen Reihe wirtschaftlicher und sozialer Faktoren, von denen jeder einzelne mehr bedeutet als die Armenpflege, so muß notwendig jeder einzelne dieser Faktoren die Leistungen der Armenpflege beeinträchtigen oder auch ganz wettmachen können. Die Geschichte des Armenwesens schreiben, heißt im Grunde eine Weltgeschichte schreiben. Vorsichtig muß sich der zurückhalten, der von der Wirkung eines Systems in der Armenpflege sprechen will. Aber diese Vorsicht vorausgesetzt, dürfen wir nach einer vielhundertjährigen Erfahrung immerhin heute aussprechen, daß eine Armenpflege, die nicht den Grundgedanken des E. S. verwirklicht, keine Armenpflege ist; und daß eine, die auf dieser Grundlage aufgebaut und erhalten ist, die wenn auch begrenzte Wirkung üben muß, die guter Armenpflege zukommt. Wer sich diese Wirkung aus gegebenen Voraussetzungen konstruieren will, würde sagen müssen: das richtig verstandene und angewandte E. S. muß billiger sein als jedes andere, weil nur Personen unterstützt werden, die der Unterstützung wirklich bedürftig sind; es muß sozial wirksamer sein als jedes andere, weil dem Bedürftigen zur rechten Zeit und mit den richtigen Mitteln geholfen wird. Wo also gegenüber einem weniger guten oder unbrauchbaren System das E. S. durchgeführt ist, muß die Wirkung in Verminderung der Kosten bei besseren Leistungen der Armenpflege wahrnehmbar geworden sein. Angesichts dieser zunächst ganz abstrakten Schlußfolgerung kann mit Genugtuung festgestellt werden, daß die mit dem E. S. gemachten Erfahrungen die aus den gegebenen Voraussetzungen gezogenen Schlüsse bestätigen. Regelmäßig wird folgendes beobachtet: die Mißstände auf dem Gebiete des Armenwesens treten teils in den traurigen Zuständen der Bedürftigen — wie in den oben mitgeteilten Zuständen von Hamburg — oder in starkem Anwachsen der Armenlast, meist in beidem zugleich, zu Tage. Die Reform auf Grund des E. S. führt zu gründlicher Prüfung der in der Armenpflege bereits befindlichen Unterstützten, wobei regelmäßig die Entdeckung gemacht wird, daß infolge mangelhafter Aufmerksamkeit eine große Zahl falscher Bedürftiger vorhanden ist, denen weitere Unterstützung zu versagen ist. Die hierdurch eintretende Ersparnis wird aber zunächst wieder wettgemacht dadurch, daß nun ein großes hilfsbereites Pflegerpersonal zur Verfügung steht, das nicht nur Unwürdige ausscheidet, sondern den wahrhaft Bedürftigen auch helfen will. Elend und Armut, namentlich die verschämte Armut, wagen sich nun aus ihren Winkeln und Höhlen hervor und machen erheblich neue Aufwendungen nötig. Die Leistungen der nicht mehr systematisch, sondern individualisierend betriebenen Armenpflege nehmen zu; allmählich aber gleicht sich der Zuwachs aus und tritt in ein angemessenes Verhältnis zu der Bevölkerungsziffer. Der Gesamtaufwand geht trotz erhöhter Leistungen zurück und bleibt nun auf einer Höhe, die den wirklichen Zuständen der Armut entspricht, deutlich beeinflußt von den Erwerbs- und Wirtschaftsverhältnissen, deren Lage namentlich in der Höhe der vorübergehend wegen Arbeitslosigkeit zu unterstützenden Familien zum Ausdruck kommt.

Elberfeld selbst gibt in seinem Jahresbericht ein deutliches Bild dieser Erscheinung, indem in einer Tabelle die Ausgaben seit der Reorganisation des Armenwesens im Jahre 1853 bis zur Gegenwart mitgeteilt und zu der Bevölkerungsziffer ins Verhältnis gesetzt werden. In einer Nebenspalte sind dann die besonderen Ursachen für Ab= und Zunahme des Aufwandes, wie Kriegsjahre, Arbeitsmangel und dergl. vermerkt worden. In diesen Ziffern zeigt sich deutlich der Erfolg des Systems. Die Bettelei, über die die lebhaftesten Klagen geführt worden waren, verschwand wie mit einem Schlage, und trotz erhöhter Leistungen der Armenpflege sanken die Kosten der offenen Armenpflege, die 1852 noch 178000 Mk. betragen hatten, auf 90000 Mk. im Jahre 1853. Die erste Ziffer wird erst 1891 wieder erreicht, nachdem die Unterstützungssätze erheblich erhöht und die Bevölkerung um mehr als das Doppelte gestiegen war. Die Ausgaben der offenen Armenpflege auf den Kopf der Bevölkerung sind bis 1876, wo sie 1,15 Mk. betrugen, niedriger als 1853—55 und bleiben auch in den folgenden Jahren im ganzen unter den Sätzen jener ersten Jahre.

Ganz ähnliches ist aus Krefeld zu berichten, das zu denjenigen rheinischen Städten gehört, die am frühesten — 1863 — dem Elberfelder Vorbilde folgten. Bei nicht sehr wesentlichem Wachstum der Stadt, deren Einwohnerzahl 1863: 52706 und 1873: 60164 beträgt, stiegen die Kosten der offenen Armenpflege nach der Reorganisation zunächst von 52000 auf 57800, 67739, 87985 Mk., um dann von 1867 an auf 56435 in 1868, 44339 in 1871, 43537 in 1873 zu sinken. Von da an stiegen die Ziffern wieder infolge des bekannten, durch den Übergang der Krefelder Industrie von der Hand= zu der Maschinenweberei veranlaßten schweren wirtschaftlichen Notstandes. Für die starke Zunahme des Aufwandes in den ersten Jahren nach der Reorganisation gibt vor allem der beklagenswerte Zustand die Erklärung, in dem sich zahlreiche Arme, namentlich verwaiste Kinder, befanden.

Die Armenverwaltung von Siegen, die 1902 das 25jährige Bestehen des E. S. festlich beging, gibt in dem Festbericht eine tabellarische Darstellung der Kosten der offenen Armenpflege. Hier ist allerdings die überraschende Wahrnehmung zu machen, daß sofort nach Einführung der reorganisierten Armenpflege die Kosten um mehr als ein Drittel in die Höhe gehen und nun zwar eine gewisse Gleichmäßigkeit gewinnen, niemals aber auch nur annähernd auf den Betrag von 1875 zurückgehen. Gegen rund 16000 Mk., die sowohl 1861 als 1875 verausgabt wurden, werden 1876—78 je 25000 Mk. aufgewendet und in den letzten Jahren zwischen 45—60000 Mk. Doch beträgt der Aufwand auf den Kopf der Bevölkerung mit 1,83 Mk. noch 2 Pfg. weniger als 1861 und steht trotz der erhöhten Leistungen auch nach vorübergehender Steigerung in der ersten Hälfte der neunziger Jahre, 1900/01, auf 1,72 Mk. Der Bericht bemerkt zu den Ziffern: „Die Stadtverwaltung hatte diese Gestaltung der Dinge vorausgesehen und geradezu erwartet; denn es lag bei Einführung der neuen Ordnung in ihrer Absicht, ein schärferes Augenmerk auf die verschämten

Armen und jeden wirklich Hilfsbedürftigen zu richten und den Grad ihrer Bedürftigkeit in gründlicherer Weise zu ermitteln."

Im ganzen steht aber die absolute Steigerung der Armenlast vereinzelt da. In der Regel vermindern sich die Lasten und die Zahl der Fälle. So wurden in Minden 1896/97 für 2715 Fälle 17 232 Mk. aufgewendet, im Jahre 1897/98 nach der Reorganisation in 1550 Fällen 10 035 Mk.

In Mainz stellt sich das Ergebnis wie folgt:

Jahr	Fälle	Gesamtaufwand	Aufwand für den einzelnen Fall	
		Mark	Mark	
1893/94	1689	123 977	73,40	vor der Reorganisation
1894/95	1761	129 401	73,50	
1895/96	1432	106 258	167,34	nach
1896/97	1182	88 206	191,33	

Hier zeigt sich in allerdeutlichster Weise Verminderung der Fälle und des Aufwandes bei gleichzeitiger erheblicher Erhöhung der Leistung für den einzelnen Fall.

In Mannheim, dessen Armenpflege 1898 reorganisiert wurde, ist der Zuschuß der Stadtkasse heraufgegangen; er bleibt aber auf den Kopf der Bevölkerung mit 2,22 und 2,35 Mk. in 1899 und 1900 hinter den Sätzen von 1885 und 1895 mit 2,90 und 2,55 Mk. erheblich zurück. 1901, das wohl für alle Armenverwaltungen ein sehr schwieriges Jahr bleibt, steigt der Aufwand auf 2,70 Mk. Dagegen bleibt die Vermehrung des Aufwandes hinter der Vermehrung der Bevölkerung mit Ausnahme von 1901 erheblich zurück.

In Erfurt, dessen Armenpflege 1893 reorganisiert wurde, zeigt sich folgendes Ergebnis:

Jahr	Fälle	Aufwand	Auf den Kopf d. Unterstützten	Auf den Kopf d. Bevölkerung	Verhältnis der Einwohnerzahl z. Zahl der Unterstützten
		Mark	Mark	Mark	
1893	1549	128 622	83,04	1,70	2,05
1894	1681	133 960	79,69	1,74	2,18
1895	1606	117 956	73,45	1,51	2,05
1899	1263	112 887	89,38	1,33	1,50
1891	1278	106 636	83,44	1,22	1,47

Die Ziffern sprechen für sich selbst. Auffallend bleibt allerdings das Schwanken der Höhe der Unterstützungen für den einzelnen Fall, was aber wohl mit besonderen Verhältnissen zusammenhängen mag. Der finanzielle Effekt ist im übrigen deutlich ersichtlich.

In dem Gesamtarmenverband Neumünster zeigt sich die Wirkung der 1900 durchgeführten Reorganisation in dem Heruntergehen der Unterstützungsfälle von 466 in 1901 auf 223 in 1902. In dem Bericht heißt es, daß nach der bisherigen Ordnung die nur in geringer Zahl tätigen Organe der Armenpflege überlastet waren und die Verhältnisse der unterstützten Personen daher nicht mehr zu übersehen vermochten.

Als das schlagendste Beispiel für die Wirkung individualisierender Armenpflege sei endlich noch die Hamburger Armenpflege genannt. Das Beispiel ist von um so größerer Bedeutung, als es mit seiner nahe an ³/₄ Millionen zählenden Bevölkerung viel schwierigere Verhältnisse bietet, als alle anderen Armenverwaltungen mit Ausnahme Berlins. Die reorganisierte Armenpflege hat in diesem Jahre ihr 10jähriges Bestehen gefeiert und hat aus diesem Anlaß den a. a. O. näher bezeichneten Bericht veröffentlicht, der abgesehen von den textlichen Erläuterungen eine Reihe sehr lehrreicher Tabellen enthält. Die eine weist den Bestand der Pflegeorgane vor und nach 1893 auf, die mit der an anderer Stelle nachgewiesenen Zahl der Armenpflege und dem Ergebnis der Aufwendungen in offener Armenpflege kombiniert folgendes interessante Ergebnis bietet:

Jahr	Bevölkerungsziffer	Zahl der Armenbezirke	Zahl der Armenparteien	Auf 1 Bezirk entfallen durchschn. Armenparteien	Zahl der Armenpfleger	Auf 1 Pfleger entfallen Armenparteien	Auf 100 Einw. entfallen Armenparteien	Auf 100 Einw. entfallen Armenbevölkerung	Aufwand für Parunterstützungen	Auf den Kopf der Partei
									Mark	Mark
1885	470 744	53	6 425	121	291	22,0	1,51	3,20	1 073 108	155
1892	580 855	79	8 932	113	440	20,0	1,55	3,29	1 675 516	191
1893	585 671	90	9 178	102	1 535	6,0	1,53	3,27	1 637 732	204
1896	633 535	104	9 117	88	1 546	6,1	1,44	3,05	1 876 152	206
1898	666 420	108	9 290	86	1 569	5,9	1,40	2,96	1 928 802	209
1900	696 502	108	8 851	82	1 561	5,7	1,32	2,69	1 866 256	213
1902	727 721	108	9 066	84	1 563	5,8	1,25	2,54	1 899 638	210

Nachdem die Armenpfleger 1893 nahezu vervierfacht waren, entfielen auf den Pfleger statt 22 Parteien nur noch annähernd 6; die Zahl der dauernd Unterstützten bleibt trotz der Bevölkerungsvermehrung um 150 000 Köpfe nahezu gleich; die Armenziffer fällt von 1,51 in 1885 und 1,55 in 1892 auf 1,25 in 1902. Die Ausgaben, die zunächst eine Erhöhung erfahren, gehen von 1898 langsam zurück und sind trotz der Bevölkerungsvermehrung 1902 nur um 200 000 Mk. höher als 1893. Gleichzeitig steigt der Aufwand für den Kopf der unterstützten Partei von 155 in 1885 und 191 in 1892, auf 210 in 1902. Mit welchen widrigen Umständen die reorganisierte Armenpflege zunächst zu kämpfen hatte, geht aus den nachstehenden Erläuterungen des Berichts hervor: „Daß die Zahl der Unterstützungsempfänger und damit auch der Umfang des Armenaufwandes nicht alsbald nach der Reorganisation so erheblich zurückging, wie man wohl erwartet hatte und auch nach den in andern Großstädten bei Einführung des E. S. gemachten Erfahrungen anzunehmen berechtigt war, ist auf verschiedene Gründe zurückzuführen. Als wesentlichste äußere Ursache kommt zunächst der ganz abnorme Notstand in Betracht, mit dem die Armenpflege während der ersten Jahre nach der Reorganisation zu kämpfen hatte. Die Nachwehen der Choleraepidemie von 1892 machten sich einmal in der das gesamte Erwerbsleben und den Arbeitsmarkt beherrschenden Depression, sodann aber auch insofern fühlbar, als die umfassende Gewährung von Notstandsunterstützungen die Tatkraft weiterer Kreise lähmend beeinflußt hatte, so daß es manchem Unterstützten schwer wurde, sich wieder auf die eigene Kraft zu besinnen, während andererseits die noch unter dem Drucke der schweren Zeit stehende Armenpflege den Unterstützungsanträgen durchweg mit mehr Wohlwollen begegnete, als dies unter normalen Verhältnissen der Fall gewesen wäre. Dazu kam noch, daß die Zahl der Unterstützungen auch dadurch in steigendem Sinne beeinflußt wurde, daß die so außerordentlich vermehrte Zahl von Pflegern sehr viel mehr von Not und Armut sehen mußte, und daß dieses Mehrsehen, wenn es einerseits zu einer Abstoßung unwürdiger Personen den Anlaß gab, doch andererseits auch zur Anerkennung einer Reihe von Bedürftigen führen mußte, die bisher den Weg zur Armenpflege nicht hatten finden können."

Von Bedeutung ist auch hier wieder, daß nach anfänglichem Schwanken die Ziffern ziemlich stationär bleiben und damit die auch an andern Orten mit dem E. S. gemachten Erfahrungen bestätigen.

Das vorstehend mitgeteilte Material habe ich keineswegs planvoll ausgewählt, sondern mit Ausnahme von Elberfeld und Hamburg, die nicht übergangen werden durften, ziemlich planlos aus zahlreichen mir vorliegenden Berichten herausgegriffen. Ähnliche Ergebnisse lassen sich für alle Armenverwaltungen erbringen, die das E. S. eingeführt haben. Das Material zeigt, daß es selbst unter Berücksichtigung gewisser Imponderabilien für die Übung der Armenpflege gewisse Wahrheiten gibt, die Erfahrung und Studium uns erkennen gelehrt haben; die Wahrheit ist hier, daß ein anderes als ein individualisierendes System es zu einem dauernden Erfolge nicht bringen kann. Die Erfolge liegen ebensowohl auf finanziellem als auf pflegerischem Gebiet.

2. Verbreitung in Deutschland.

Es konnte nicht ausbleiben, daß diese Erfolge die Aufmerksamkeit zunächst deutscher Stadtverwaltungen, dann aber auch der Staatsregierungen und die des Auslandes erregten. Man kann mit Recht von einem Triumphzug sprechen, den seit der Mitte des vorigen Jahrhunderts das E. S. durch Deutschland angetreten hat. Noch einmal sei darauf hingewiesen, daß das System keineswegs in seinen Grundgedanken neu war, daß die alte christliche Gemeindepflege, die kirchlich-bürgerliche Armenpflege nach der Reorganisation, die große Hamburger Reform von 1788 auf ganz ähnlichen Grundgedanken beruhten. Aber das E. S. hat das unvergängliche Verdienst, diese Grundgedanken neu belebt, sie in einer modernen Verhältnissen angepaßten Weise verarbeitet und vor allem sie durch eine zielbewußte, auf dem Boden der deutschen Selbstverwaltung ruhende Organisation praktisch durchgeführt und durch ein halbes Jahrhundert treu gepflegt zu haben. So ist es gekommen, daß nach und nach das E. S. zum Muster eines guten Armenpflegesystems, ja das Armenpflegesystem schlechthin werden konnte.

Am frühesten bemächtigten sich des E. S. die Elberfeld zunächst gelegenen und durch mannigfache gewerbliche Interessen eng mit ihm verbundenen rheinischen Städte, in erster Linie Krefeld. An der Spitze der Krefelder Armenverwaltung stand länger als ein Menschenalter der unvergeßliche Vorsitzende unseres Vereins, Friedrich Ludwig Seyffardt, der mehr als irgend ein anderer für die Verwirklichung des Systems getan hat. Ausführlicher spricht er selbst sich in der mehrerwähnten Festschrift über die Grundfragen des Systems aus.

Heute gibt es keine größere rheinische, ja man darf sagen, keine größere deutsche Stadt, die nicht das E. S. eingeführt oder wenigstens der Frage seiner Einführung näher getreten wäre. Kayser weist in seinem dem Verein 1899 erstatteten Bericht über Naturalunterstützung (Heft 42) nahezu 200 Städte nach, über deren Verhältnisse er sich unterrichtet hatte, von denen nur etwa 30 nach seiner Angabe das E. S. entbehrten. Doch sind diese Angaben allerdings mit Vorsicht aufzunehmen, da nicht jede dieser Städte als zum System gehörig angesehen werden kann, insofern die genügende Zahl der Pfleger und die Selbständigkeit der Bezirke in Ansehung ihre Beschlüsse in Frage kommt. Nürnberg mit seinen 26 Bezirken mit je 1 Vorsteher und unmittelbarer Angliederung an die Armenverwaltung gehört unzweifelhaft nicht dazu, ebensowenig Lübeck mit 42 Bezirken und je 1 Pfleger, oder Heidelberg mit 22 Bezirken mit je 1 Pfleger. Neu hinzugekommen sind zu dem von K. angeführten Städten noch in den letzten Jahren Greifswald, Minden, Remscheid, Rostock, Stoppenberg, Straßburg, Glogau, Neumünster.

Es steht zu erwarten, daß nach und nach alle Armenverwaltungen sich zu den Grundgedanken des E. S. bekennen werden. Doch ist die volle Durchführung weder überall möglich, noch überall erforderlich. Nicht möglich ist die volle Durchführung in den Großstädten, nicht erforderlich in den kleinen. Kürzlich haben die Blätter für das Wiener Armenwesen und Bürgermeister Baecker-Schleusingen auf dem sächsischen Städtetage die Frage, die einen im Hinblick auf großstädtische, der andere im Hinblick auf kleinstädtische Verhältnisse erörtert. In den Wiener Blättern wird darauf hingewiesen, daß das Elberfelder System, dessen Grundsätze an sich für jede Armenpflege den richtigen Weg anzeigten, doch in der Großstadt nicht ohne weiteres anwendbar sei. Die erste Voraussetzung, die genaueste Erhebung und fortwährende Überwachung der Verhältnisse jedes Unterstützungssuchers, sei in der Großstadt kaum durchführbar, da sich der einzelne der Beobachtung so sehr leicht entziehe und Erwerb, Beschäftigung, Hilfsquellen und Lebensführung einer Person hier sehr schwer richtig zu durchschauen seien. Insbesondere könne man auch allen Veränderungen in diesen Verhältnissen nicht stets auf dem Fuße folgen. Noch größere Schwierigkeiten biete die Aufstellung eines Tarifs (Existenzminimums) für die bunt zusammengewürfelte Bevölkerung der Großstadt. Was in einer mäßig großen Stadt mit einer einigermaßen gleichartigen Bevölkerung möglich sei, sei für die Mehrzahl der Fälle in der Großstadt unzutreffend. Die Sätze des Tarifs würden bald zu hoch, bald zu niedrig sein und seine Anwendung, wenn nicht die Ausnahmen häufiger wären als die Regel, zu Härten oder zu Ungerechtigkeiten führen. Hierbei spielte noch die Unterstützung arbeitsfähiger Personen, die ohnehin jeder Armenverwaltung besondere Schwierigkeiten bereite, ihre Rolle. Auch die kurzfristigen Bewilligungen, wie sie dem Elberfelder System eigentümlich seien, könnten nicht empfohlen werden, da sie ein Korrelat der fortdauernden Überwachung bildeten. Auch sei die große Zahl der beteiligten Organe und die Verschiedenheit ihrer Auffassung ein Hindernis gleichartiger Armenpflege, so daß es auch wünschenswert sei, die Entscheidung über die dauernden Unterstützungen in die Zentralstelle zu verlegen und dann diese Bewilligungen für längere Zeiträume auszusprechen. „Wer sich nicht selbst täuschen will," so heißt es am Schluß, „und den Mut der Wahrheit besitzt, wird zugestehen müssen, daß die offene Armenpflege einer Großstadt von der Vollkommenheit wohl immer sehr weit entfernt bleiben wird. Sie kann die Hilfe, die sie in der Form der offenen Armenpflege gewährt, nicht genau dem wirklichen Bedarfe anpassen, sondern nur nach ungefährer Schätzung bemessen, bei der sie regelmäßig von der Voraussetzung ausgehen muß, daß der Unterstützte noch anderweitige Hilfsquellen besitzt. Eine vollkommene Fürsorge kann sie nur in der Form der geschlossenen Armenpflege bieten. Allerdings aber muß diese dann so eingerichtet sein, daß die verschiedenen Arten und Grade der Hilfsbedürftigkeit auch eine verschiedene Behandlung erfahren können."

Ich muß diesen Ausführungen auf Grund eigener Erfahrungen in der Leitung der Berliner Armenpflege zum Teil beipflichten. Wenn es auch in Berlin in höherem Maße als es in Wien je der Fall sein kann, gelungen ist, eine erhebliche Zahl ehrenamtlich tätiger Organe zu gewinnen, so ist nicht zu verkennen, daß es gegenüber der großstädtischen fluktuierenden Bevölkerung in der Tat sehr schwer ist, den Verhältnissen fortdauernd zu folgen und die für die Armenpflege schwierigsten Elemente gehörig zu überwachen. Auch bereitet die Differenzierung der Wohnbevölkerung in wohlhabenden und armen Bezirken der Beschaffung des Pflegepersonals sehr große Schwierigkeiten. Gleichwohl bleibt auch für Berlin kein anderer Weg, als die Grundgedanken des E. S. soweit immer möglich durchzuführen. Denn ihrem Gegenstande nach sind alle Armenverwaltungen einander gleich; auch in der Großstadt wie in den kleinsten Verhältnissen handelt es sich immer um Leben und Schicksal des einzelnen, dessen Umstände erforscht und ihrer Eigentümlichkeit gemäß behandelt werden müssen.

In den kleineren Verhältnissen von Orten mit weniger als 15,000 Seelen bedarf es des umfänglichen Apparates, wie Baecker zutreffend ausführt, kaum, wenn im übrigen die Anforderungen individualisierender Armenpflege erfüllt werden. Dies kann leicht durch eine der Größe des Orts angepaßte Zahl von Pflegern geschehen, die dem Leiter der Verwaltung berichten; im übrigen sind diesem die wenigen Fälle, um die es sich überhaupt handelt, ohnehin bekannt, so daß ohne viele Sitzungsprotokolle und Formulare zu richtiger Beurteilung und zu zweckmäßiger Hilfe gelangt werden kann. Allerdings pflegt es in kleineren Verhältnissen weniger an der Schwierigkeit guter Organisation zu liegen, als an dem Mangel an Verständnis und dem Mangel an Mitteln, während in den Großstädten es weder an Mitteln noch gutem Willen fehlt, aber die Organisation die größten Schwierigkeiten bietet.

Ich möchte hier die sehr treffenden Worte einschalten, mit denen Kayser a. a. O. sich über den Inhalt des E. S. ausspricht: „Es hat keinen Wert, festzustellen, ob eine Verwaltung Einrichtungen, die sich bei ihr bewähren, unmittelbar und womöglich kraft persönlicher Anschauung aus Elberfeld übernommen habe, und es hat keinen Wert zu untersuchen, ob eine Behörde, die sich in einzelnen Punkten an die Elberfelder Armenordnung angelehnt hat, berechtigt sei, das E. S. ihr eigen zu nennen. Mit dem E. S. muß es ebenso gehen, wie mit andern glücklichen Erfindungen und Einrichtungen, die, nach dem Ursprung benannt, langsam aber sicher jede tatsächliche Beziehung zu dem Herkunftsort verlieren. Mag auch das Armenwesen von Elberfeld jederzeit ein hervorragend mustergültiges bleiben, so muß sich doch jeder Berufene die Frage vorlegen, was übertragbar sei, was nicht. Was aber übertragbar ist, mag es geschrieben stehen oder mag es in der Geschäftsübung der alten Bezirksvorsteher ruhen, das dürfte, nachdem bereits vierzig Jahre an der Quelle geforscht wird, vollends erkannt und in die Armenpflege anderer Städte übergegangen sein. Und was die Verwendbarkeit betrifft, so werden Städte von ähnlicher Größe und sonst gleichartigen Verhältnissen sehr vieles, fast alles, bis ins einzelne übernehmen können, während als allgemeines Rezept nur übrig bleibt: viele Pfleger und gruppenweise Versammlung derselben zur Beratung (Entscheidung?) der Unterstützungsfälle. Diese beiden Bedingungen sind seit Jahrzehnten in den meisten großen und mittleren Städten Deutschlands zur Wirklichkeit geworden, gelten allgemein als die notwendige Grundlage einer tüchtigen Armenpflege, und es ist nicht abzusehen, ob jemals ein besseres Fundament an diese Stelle treten kann."

3. Verbreitung im Auslande.

Im Auslande hat das E. S. eine verhältnismäßig geringe Verbreitung gefunden; nicht daß man an ihm und seinen Erfolgen achtlos vorübergegangen wäre; die in der Literaturübersicht mitgeteilten Schriften zeigen, wie ernstlich man bestrebt gewesen ist, sich Kenntnis von dem E. S. zu verschaffen. Einige der englischen Reports sind lediglich diesem Gegenstand gewidmet; andere, wie das Buch von Le Roy, beschäftigen sich im Zusammenhang mit der Betrachtung der öffentlichen Armenpflege sehr eingehend damit. Aber die Verhältnisse der öffentlichen Armenpflege liegen mit Ausnahme von Deutschösterreich nicht günstig für die Einführung des E. S., soweit überhaupt im Auslande von einer öffentlichen Armenpflege gesprochen werden kann.

So wird in dem englischen Bericht von Davy der Wert des E. S. sehr hoch angeschlagen. D. beschreibt in zutreffender Weise die Einrichtung und geht namentlich auf die Bedeutung der ehrenamtlichen Tätigkeit in der öffentlichen Armenpflege näher ein, wobei er allerdings die in der Städteordnung begründete Verpflichtung jeden Bürgers, ein Ehrenamt zu übernehmen, überschätzt; wir wissen zur Genüge, wie schwer es sich mit Pflegern arbeiten läßt, die nur gezwungenermaßen das Amt übernehmen und hüten uns im allgemeinen, solche Persönlichkeiten zu Pflegern zu wählen. Wohl aber kann man sagen, daß eben die historische Entwicklung der Selbstverwaltung und mit ihr der ehrenamtlichen Tätigkeit das Gefühl dieser Verpflichtung so allgemein gemacht hat, daß nicht leicht jemand sich dem ihm angetragenen Amt entzieht. D. gibt seiner vollen Anerkennung dieses Zustandes lebhaften Ausdruck und bemerkt, daß in Elberfeld selbst der Erfolg des Systems von der Vollkommenheit der Organisation und dem Eifer ihrer Organe abhänge. In erster Linie stehe die genaue Prüfung aller Verhältnisse der Bedürftigen durch eine große Schar unbesoldeter Pfleger, deren Wahl nicht durch die Steuerzahler direkt, sondern durch die Organe der städtischen Verwaltung erfolge. Die mit der direkten, von politischen Gesichtspunkten erfolgenden Volkswahlen verbundenen Gefahren seien hierdurch ausgeschlossen. Freilich gewähre die bloße Freiwilligkeit des Amts noch keine Sicherheit des Erfolges; so sei die Gefahr, das Amt eigennützig zu mißbrauchen, auch in Deutschland nicht unbekannt; doch bildet gerade die Auswahl der pflegerischen Organe, die ihnen gegebene Geschäftsordnung und die sorgfältige Überwachung der Ausführung ein hinreichendes Gegengewicht gegen Mißbräuche. Dies vorausgesetzt, sei das E. S. bewundernswert nicht nur aus dem Gesichtspunkt einer wohlgeordneten öffentlichen Armenpflege, sondern ihm komme aus einem andern Gesichtspunkte ganz besondere Bedeutung zu. „Es ist kaum möglich" — sagt Davy, — „den sozialen Nutzen zu überschätzen, der sich aus der Heranziehung von Mitgliedern der mittleren und höheren Klassen zur Übung der Armenpflege ergeben muß, die hierdurch persönlich mit den Bedürfnissen der ärmsten Klassen vertraut werden." Und wie der Armenpfleger mit freundschaftlichem Rat und Wohlwollen dem Armen gegenübertreten soll, so wird auch die leitende Behörde mit den Bedürfnissen der ärmsten Klassen bekannt. Die Teilnahme so zahlreicher Persönlichkeiten an der Armenpflege führe dazu, die öffentliche Meinung aufzuklären und unbegründete Angriffe schlecht unterrichteter sog. Menschenfreunde (ignorant philanthropists) zurückweisen zu können, da die Einzelheiten der Verwaltung weithin bekannt seien und die Verantwortlichkeit von einer zahlreichen Schar unabhängiger Männer mitgetragen werde. Gleichwohl könne ein noch so erfolgreiches System nicht mit Sicherheit auf ein anderes Land übertragen werden. In England würde die Einführung unbesoldeter Pfleger, abgesehen etwa von einem die Tätigkeit der Armenbeamten ergänzenden Personal unbesoldeter Armenbesucher, wohl ein Fehlschlag sein.

Mit noch größerer Bewunderung spricht der Amerikaner Peabody, Lehrer an der Harvard University, von der ehrenamtlichen Tätigkeit; er nennt die Namen einer Reihe angesehener Persönlichkeiten, denen er in Deutschland als Pflegern begegnet sei und meint, es wäre etwa so, als wenn in Boston der Präsident der Hochschule, der Leiter des Mädchengymnasiums und ähnliche Persönlichkeiten das Amt eines Pflegers übernehmen würden. Wenn das E. S. Fehler habe, so müßten diese als Fehler der menschlichen Natur mit in Kauf genommen werden. „Aber" — so heißt es dann wörtlich — „wenn die Wahl getroffen werden soll zwischen den Mängeln menschlicher Natur und der prüfungslosen Methode einer bureaukratischen Maschinerie, dann müßte man sich doch unbedingt für die Pflege der menschlichen Beziehungen zueinander entscheiden." Diese Bemerkung stimmt mit den Ausführungen von Warner überein, die ich weiter oben anführte, und sie entspricht durchaus den modernen Tendenzen der Armenpflege in Amerika. Verständlich wird aber die Ablehnung des E. S., oder die Einsicht in die Unmöglichkeit seiner Durchführung erst, wenn man die Lage der öffentlichen Armenpflege in England und in den nach englischem Vorbilde arbeitenden Staaten Amerikas betrachtet. Der Schwerpunkt des englischen Systems liegt in der geschlossenen Armenpflege. Für die Unterstützung, namentlich arbeitsfähiger Personen, steht das Workhouse (poorhouse, almshouse) offen; die Weigerung, dort einzutreten, bildet den Prüfstein der Bedürftigkeit. Wenn der Grundsatz auch nicht allgemein befolgt wird und nach Lage der Verhältnisse auch nicht durchweg befolgt werden kann, so ist es doch verständlich, daß zur Ausübung dieser auf der Grundlage der geschlossenen Pflege aufgebauten Armenpflege besoldete Kräfte als ausreichend oder sogar als besser betrachtet werden. Es kommt also bei der Anwendung des E. S. in Deutschland und England und Amerika sehr wesentlich auf den Gegensatz des Armenpflegesystems hinaus; und wenn in Deutschland das System der offenen Armenpflege durchweg überwiegt und die geschlossene Pflege nur seine notwendige Ergänzung bildet, so ist der Grund hierfür unzweifelhaft darin zu suchen, daß die Ausübung der sehr viel schwierigeren und verantwortlicheren offenen Pflege eben durch die Teilnahme so zahlreicher ehrenamtlich tätiger Kräfte sicher gestellt werden konnte. Peabody drückt diese Gegensätze kurz und drastisch in folgenden Worten aus: „Der für England maßgebende Prüfstein der Bedürftigkeit ist die Bereitwilligkeit des Armen, in das Armenhaus zu gehen; in Deutschland bildet den Prüfstein die persönliche und unablässige Prüfung des einzelnen Falles." Und an anderer Stelle: „Englische Bürger haben sich gewöhnt, die Armenverwaltung gehen zu lassen, wie sie geht; deutsche Bürger sind erzogen, ihre Organe zu sein. So muß das eine System darauf hinauskommen, vollkommen bureaukratisch und mechanisch zu arbeiten, während das andere persönlich und menschlich arbeitet. Jenes System befreit den Bürger völlig von seinen Verpflichtungen gegen die Armen, abgesehen von der Armensteuer; das andere ruft ihn zum Dienst an dem Armen auf, als zu einem Teil seiner der Gesamtheit geschuldeten Pflicht." Der Bericht des amerikanischen Generalkonsuls, der im übrigen wenig brauchbar ist, spricht nur in zwei Zeilen von dem E. S., hebt aber in diesen Zeilen hervor, daß das System darauf hin arbeitet, die Bedürftigen zur Selbsterhaltung, Selbstachtung und Selbstvertrauen zu erziehen (self-support, self-respect, self-confidence.).

Gegenüber dieser Auffassung englischer und amerikanischer Sachkenner könnte es scheinen, als wenn das E. S. auf englische und amerikanische

3. Verbreitung im Auslande.

Verhältnisse überhaupt völlig unanwendbar wäre; doch ist dies durchaus nicht der Fall, soweit die Übung der Wohltätigkeit überhaupt in Frage kommt. Ebenso wie in Deutschland der ehrenamtlichen Armenpflege, wie in mehrfachen Beispielen gezeigt werden kann, Bureaukratie und Schablone keineswegs fern geblieben sind, ist auch der englischen und amerikanischen Wohltätigkeitspflege das, was den Geist des E. S. ausmacht, die eindringliche Prüfung der Verhältnisse, mit dem Bemühen, den Bedürftigen wieder aufzurichten, durchaus nicht fremd. Vor allem hat das System der überwiegend geschlossenen Pflege von selbst dazu gedrängt, seine Härten und Mängel durch eine ausgedehnte Privatwohltätigkeit auszugleichen, die in England und Amerika, dank den sehr reichen dort zur Verfügung stehenden Mitteln, einen viel bedeutenderen Umfang angenommen hat, als in Deutschland, wo ein großer Teil der Aufgabe eben durch die öffentliche Armenpflege erfüllt wird. Diese Privatwohltätigkeit wird aber mit Bewußtsein nach dem Grundsatze gesunder Armenpflege geführt, so daß genaue Prüfung der Verhältnisse durch Pflegeorgane im Bezirkssystem sich in allen wohlorganisierten englischen und amerikanischen Wohltätigkeitsgesellschaften wieder findet. Vorbildlich hierfür ist die Londoner Charity Organisation Society gewesen, über die ich an verschiedenen Stellen, zuletzt in dem Bericht über das ausländische Armenwesen berichtet habe. Hier sind freiwillige Helfer in großer Zahl in Verbindung mit besoldeten Kräften tätig; das Bemühen, den Selbsterhaltungstrieb des Bedürftigen zu kräftigen und ihm nach Maßgabe seiner Individualität zu helfen, steht hier durchweg im Vordergrunde. Ja, man darf sagen, daß es überhaupt von einem allgemeineren Standpunkt aus keinen Unterschied in der Übung von öffentlicher Armenpflege und privater Wohltätigkeit gibt, soweit es die Prüfung des Bedürfnisses und das Bemühen betrifft, nach der Eigenart des einzelnen Falles zu helfen. Je größer die Zahl der Helfer, je näher sie durch Wohnung, Beruf und nachbarliches Interesse der ärmeren Bevölkerung gerückt sind, um so eher wird sich in der öffentlichen Armenpflege wie in der privaten Wohltätigkeit der Geist des E. S. zeigen. Mit Recht hebt daher Peabody a. a. O. hervor, daß die amerikanische Privatwohltätigkeit mehr und mehr nach dem Muster des E. S. geführt werde.

In den romanischen Ländern liegen die Verhältnisse für die Einführung des E. S. noch ungünstiger als in den Ländern englischer Zunge, weil sie überhaupt der öffentlichen Armenpflege ganz, oder gerade in Bezug auf die Versorgung in offener Armenpflege entbehren. Doch sind auch hier Elemente des E. S. vorhanden, wenn beispielsweise in den Pariser bureaux de bienfaisance neben den amtlichen enquêteurs freiwillige visiteurs, freilich in bei weitem nicht genügender Zahl tätig sind. In den kleineren Städten liegt es ähnlich wie bei uns, da der Maire der geborene Vorsitzende des b. d. b. ist; wie denn auch Le Roy in seinem Buche über öffentliche Armenpflege in Deutschland gegenüber den Leistungen des E. S. die Mängel der ländlichen Armenpflege hervorhebt, wo die Verhältnisse des einzelnen Bedürftigen gewiß genau bekannt sind.

Soviel mir bekannt, ist Anfang der neunziger Jahre auf Veranlassung von Le Roy in einem der Pariser Arrondissements ein Versuch mit Durchführung des E. S. gemacht, aber als mißglückt wieder aufgegeben worden. Neuerdings ist der frühere Deputierte Bompard in seiner Schrift: Le b. d. b. central de Paris auf die Frage der Organisation dieser bureaux zurückgekommen. Er untersucht darin die vorhandenen Übelstände in den bestehenden Einrichtungen und kommt zu der Feststellung, daß in der Tat zahlreiche Mißbräuche vorhanden sind, daß beispielsweise die Kommissäre vielfach aufgehört haben, wirklich Pfleger der Armen zu sein, daß die in der Mairie abzuhaltenden Versammlungen vielfach nur eine Versammlung des Maire allein und allenfalls des Maire mit noch einem Mitgliede darstellten, und daß es daher notwendig einer Änderung oder Besserung bedürfe. Er will nun in jedem Quartier, also dem sehr viel kleineren Bezirk, eine Kommission einsetzen, die aus fünf Mitgliedern zusammengesetzt und in ihrer Tätigkeit durch Pfleger und Pflegerinnen unterstützt sein soll. Sie müßten vor allem die Fälle dringender Not erledigen, während die Gesuche um dauernde Unterstützung bei den bureaux de bienfaisance verbleiben müßten. Über allen diesen bureaux d'arrondissements würde sich dann das bureau central de bienfaisance erheben. Es ist, wie man sieht, ein Vorschlag, der im wesentlichen den Grundsätzen entspricht, auf denen das E. S. aufgebaut ist, d. h. die Verlegung des Schwerpunktes der Prüfung und der Beschäftigung mit den Zuständen der Armut in kleine örtliche Bezirke bei gleichzeitiger Zusammenfassung der Leitung an den Zentralstellen. Ob sich dies in Paris durchführen läßt, ist freilich sehr zweifelhaft, weil die Geneigtheit, im öffentlichen Dienst ehrenamtlich tätig zu sein, sehr gering ist und zahlreiche Kräfte für die von dem Zwang des öffentlichen Wesens unabhängige freie Liebestätigkeit bereitgestellt werden.

Ich habe hierüber ausführlicher in meinem Bericht über das ausländische Armenwesen gehandelt und auf die Tätigkeit großer Wohltätigkeitsgesellschaften, wie namentlich der société philanthropique und der œuvres du bureau central hingewiesen.

Ebenda sind auch die Bestrebungen ausführlich behandelt, die in Belgien und in den Niederlanden zur Prüfung der Frage des Armenwesens und seiner Reform und zur Schaffung von Gesetzentwürfen über das Armenwesen geführt haben. In beiden Ländern hat man sich mit dem Grundsatz des E. S. durchaus vertraut gemacht und sieht in den von der Organisation handelnden Abschnitten verwandte Einrichtungen vor. Aus dem belgischen Entwurf ist namentlich die Zulassung der Frauen zur öffentlichen Armenpflege mit gleichen Rechten und Pflichten wie die Männer bemerkenswert. In dem niederländischen Entwurf, der ebenso wie der belgische bisher noch nicht Gesetz geworden ist, tritt sehr deutlich das Bestreben hervor, zu individualisieren. In den größeren Städten sollen besondere Armenkollegien errichtet werden, während in den kleinen der Bürgermeister und der Gemeinderat die Verwaltung führen dürfen. Das E. S., worunter die Einteilung der Stadt in Armenpflegebezirke zu verstehen ist, kann eingeführt werden; in diesem Falle besteht das Armenkollegium außer den amtlichen Personen und den Vertretern der andern Faktoren noch aus dem Vorsteher der örtlichen Bezirke. Außerdem sind

3. Verbreitung im Auslande.

dann Armenpfleger zu ernennen, wobei Männer und Frauen als gleichwertig zugelassen werden. Den Armenpflegern kann Gehalt oder sonstige Vergütung gegeben werden, wenn keine genügende Zahl geeigneter Personen vorhanden und bereit ist, ohne Vergütung das Amt eines Armenpflegers auszuüben. Armenpfleger, die eine Vergütung empfangen, dürfen in den Bezirken, in denen sie tätig sein sollen, keinen Handel treiben.

Die Niederlande haben, wie ich schon an anderer Stelle erwähnte, am längsten die Grundsätze der alten Diakonie in der kirchlich-reformierten Armenpflege bewahrt und den Anstoß zur Begründung der evangelischen Diakonie in Deutschland gegeben. Hier finden sich in der kirchlichen Armenpflege und in der privaten Wohltätigkeitspflege Einrichtungen, die durchaus dem Sinne und Geist des E. S. entsprechen. Insbesondere ist hier die Amsterdamer Wohltätigkeitsgesellschaft Liefdadigheid naar vermogen zu nennen, der erste Verein, der die Grundsätze des E. S. mit bewußter Absicht seiner Tätigkeit seit 1892 zu Grunde gelegt hat. Der Verein, der sich über die ganze Stadt erstreckt, ist eingeteilt in 34 Bezirke, deren jeden ein Vorsteher leitet, dem eine Anzahl männlicher und weiblicher Pfleger zur Seite stehen. Der Verein macht es sich zur Aufgabe, tunlichst mit den übrigen Einrichtungen der Armenpflege Hand in Hand zu gehen, planloses Almosengeben zu bekämpfen und gesunde Grundsätze über Armenpflege und Wohltätigkeit zu verbreiten. Für die Tätigkeit der Bezirke und ihrer Helfer sind sorgfältige Vorschriften im Sinne individualisierender Fürsorge erlassen; auf den persönlichen Besuch und die Hilfe von Mensch zu Mensch wird der größte Nachdruck gelegt.

Eine ganz verwandte Erscheinung ist in der Schweiz zu beobachten. Dort hat die Eigenart der Bürgergesetzgebung dazu gedrängt, neben der auf die Bürger beschränkten, der amtlich bureaukratischen Bearbeitung überlassenen Armenfürsorge die ergänzende Einrichtung der Einwohnerarmenpflege zu schaffen; sie trägt ihrer Entstehung nach einen freiwilligen Charakter, gewinnt jedoch durch erhebliche Beihilfen von Staat und Stadt einen halbamtlichen Charakter. So ist in erster Linie die Züricher „Freiwillige und Einwohner-Armenpflege" zu nennen, die aus dem Armenverein hervorgewachsen ist und mit 12 Quartierkommissionen mit je 8—10 freiwilligen Helfern durchaus individualisierende Grundsätze befolgt. Sehr bemerkenswert ist auch das Armengesetz der Stadt Basel von 1897. In Basel findet sich eine Mischung öffentlicher bürgerlicher und freiwilliger Armenpflege, die in dem Gesetz eine Fortbildung in der Richtung auf die öffentliche Armenpflege gefunden hat. Für unsere Zwecke sind namentlich die organisatorischen Vorschriften von Interesse, die durchaus im Geiste gesunder örtlicher Armenpflege im Sinne des E. S. gemacht sind. Die Stadt ist in Bezirke eingeteilt, in denen freiwillige Pfleger tätig sind.

Als letztes hierher treffendes Beispiel möchte ich endlich die Einführung des E. S. in der Armenverwaltung von Moskau hervorheben, die mit Genehmigung und Unterstützung der Stadtgemeinde 1894 ins Leben gerufen wurde. Die Einrichtung unterscheidet sich von den Ein=

richtungen in Deutschland dadurch, daß es sich um eine halb amtliche, halb private Verwaltung handelt und nicht, wie in Deutschland, ausschließlich um die öffentliche Armenpflege. Es ist also, ähnlich wie in Zürich die Einwohner= und Freiwilligen= Armenpflege, eine Institution, die mit Hilfe der Gemeinde, aber auch mit wesentlicher Hilfe der Privatwohltätigkeit die Versorgung der Armen in offener Armenpflege organisiert hat. Die ganze Stadt ist in 40 Bezirke eingeteilt, von denen bisher 28 ins Leben getreten sind. An der Spitze jeden Bezirks steht ein Kurator mit einem Verwaltungsrat, dem eine hinreichende Zahl von Personen zur Seite treten, die die Armen besuchen und die notwendigen Mittel sammeln sollen. So sind gegenwärtig nahe an 200 Personen Mitglieder des Verwaltungsrats und mehr als 1500 als Besucher und Sammler tätig. Namentlich beteiligt sich die Jugend sehr lebhaft an der Arbeit, aber auch die Zahl der helfenden Frauen ist bedeutend; sie bilden nahezu die Hälfte sämtlicher armenpflegerischer Organe und haben sich insbesondere der Kinderfürsorge angenommen.

Man wird aus den im vorstehenden angeführten Beispielen erkennen, daß und warum die reine Durchführung des E. S. in der öffentlichen Armenpflege im Ausland nicht möglich gewesen ist, und man wird aus demselben Grunde erkennen, warum das einzige Land, in dem die Durchführung in gleicher oder annähernd gleicher Art hat erfolgen können, die uns stammverwandten deutschen Kronländer Österreichs sind, insbesondere Nordböhmen, Niederösterreich und Steiermark. In allen drei Ländern hat das System die sorgfältigste Beachtung gefunden und die in der Nachweisung mitgeteilte ausgedehnte Literatur zu Tage gefördert. Von den nordböhmischen Städten war es in erster Linie Trautenau, das sich der Angelegenheit mit hervorragendem Eifer annahm und dessen Armenordnung das Muster für die übrigen Städte wurde. In Niederösterreich und Steiermark haben die Landesausschüsse sich eingehend mit den Fragen beschäftigt und die Gesetze von 1893 und 1896 veranlaßt.

Besonderes Interesse erregte namentlich der Vorgang in Niederösterreich, dessen Gesetzgebung das E. S. zu Grunde gelegt ist; doch wurde hierbei der von allen Sachkundigen sogleich hervorgehobene Fehler gemacht, das E. S., das in seiner eigenartigen Gestalt nur auf städtische Verhältnisse berechnet sein kann, auch auf die ländlichen Bezirke auszudehnen. Die maßgebende Gesetzesvorschrift in § 45 des Gesetzes lautet: „Die unmittelbare Handhabung der gesamten öffentlichen Armenpflege obliegt dem Bezirksarmenrate, der aus einer Versammlung der Gemeindevorstände usw. zu wählenden Mitgliedern und aus je einem von der Gemeindevertretung jeder Ortsgemeinde des Armenbezirks gewählten Mitgliede, aus je einem Mitgliede jeder Armenkommission und aus Vertrauensmännern, die der Landesausschuß bestellen kann, bestehen soll; außerdem sollen in jeder Gemeinde Armenpfleger vorhanden sein, die je nach der Größe des Orts zu einer oder mehreren Armenkommissionen zusammentreten und die Prüfung des Falles in die Hand nehmen, jedoch nicht über die zu gewährende Unterstützung entscheiden, sondern lediglich dem Bezirksarmenrate Anträge zu unterbreiten haben." Im übrigen soll sich der Armenpfleger durch fortgesetzte sorgfältige Bemühung in steter Kenntnis der Verhältnisse seiner Armen erhalten und durch persönliche Beziehungen deren Sittlichkeit, Arbeitsamkeit und Wirtschaftlichkeit wecken und erhalten.

Der Gedanke des E. S. ist hier teils übertrieben, teils mißverstanden, indem durch die Loslösung der örtlichen Armenpflege von den Gemeinden deren Organe lediglich zu Berichterstattern der Bezirke herabgedrückt werden und die natürliche Grundlage gesunder Armenpflege, das örtliche Interesse an der Handhabung der Armenpflege, wesentlich beeinträchtigt wird.

Die sehr lebhaft gegen das Gesetz einsetzende Agitation richtete sich namentlich gegen diese Verkennung des Gedankens des E. S. In einem neuen Gesetzentwurf, der die öffentliche Armenpflege der Gemeinde zurückgeben will, heißt es in den Erläuterungen:

„Als Folge der Ausschaltung der Gemeinden aus der Organisation der Armenpflege ist jedes finanzielle Interesse derselben an der Armenpflege, daher auch an der ordnungsmäßigen Einhebung von Geldstrafen und Abgaben für Armenzwecke erloschen und hat damit auch die Privatwohltätigkeit, insbesondere die Widmung von Legaten und Geschenken für Armenzwecke, fast vollständig aufgehört. Die große territoriale Ausdehnung der Armenbezirke schließt die individualisierende Behandlung der Armenpflege aus und führt zu einer Schablonisierung derselben. Das Institut der Armenpfleger paßt für die Verhältnisse in vielen Landgemeinden nicht und hat sich daher auch in einer Anzahl derselben nicht bewährt. In den Städten erlahmt das Interesse des Pflegers infolge des Umstandes, daß er nur Erhebungsorgan des Bezirksarmenrates ist, nicht aber selbst in der Armenpflege mitbeschließend wirken kann. Das Gesetz hat betreffs des Pflegeamtes zwar die Formen des E. S., nicht aber dessen Geist und Tendenz angenommen. Durch das geringe Interesse der Pfleger an ihrem Amte tritt auch die lediglich bei einer auf streng individualisierender Grundlage aufgebauten Armenpflege mögliche Naturalwirtschaft ganz in den Hintergrund und hat der kostspieligen, der Landbevölkerung wenig sympathischen und auch für ländliche Verhältnisse unzweckmäßigen Geldwirtschaft weichen müssen."

Im übrigen hatte die durch das Gesetz von 1893 angestrebte Wiederbelebung des pflegerischen Geistes immerhin einigen Erfolg aufzuweisen, so daß selbst ein Gegner des Gesetzes, wie Kunwald, aussprechen konnte: „Es gelang nicht nur, sämtliche ehrenamtlichen Funktionen in den 68 Bezirksarmenräten mit geeigneten Personen zu besetzen, sondern auch eine genügende Zahl von Pflegern und Armenkommissionsmitgliedern in den 1608 Gemeinden Niederösterreichs zu gewinnen, so daß schon der erste Bericht des Landesausschusses im Jahre 1896 die Anzahl der im Dienste der öffentlichen Armenpflege freiwillig und unentgeltlich wirkenden Personen mit über 8000 beziffern konnte. Erwägt man, daß bis dahin dem Armenwesen in Niederösterreich fast gar keine Beachtung geschenkt wurde, so muß dieser geradezu beispiellose Aufschwung als ein ganz besonders erfreulicher bezeichnet werden."

In Wien, der Hauptstadt des Reiches und Niederösterreichs, besteht die Einteilung der Stadt in Armenpflegebezirke, in denen die Tätigkeit neuerdings zu beleben versucht worden ist. Doch sind die seit Jahren betriebenen Reorganisationsarbeiten noch nicht zum Abschluß gediehen. Auch scheint es dem mit den Verhältnissen Vertrauten zweifelhaft, ob die etwas lässige Art der Wiener eine bis zur Ernstlichkeit des E. S. durchgeführte Beteiligung wirklich tüchtiger und tätiger ehrenamtlicher pflegerischer Organe ermöglichen wird. Ich verweise im übrigen wegen der Einzelheiten über die Gestaltung des E. S. in Österreich auf die mehrerwähnten Berichte[1] über ausländisches Armenwesen und namentlich auf die Ergebnisse, die mit dem E. S. in den Städten Nordböhmens und in Salzburg erzielt worden sind. Überall wird der Armenpflege nach Elberfelder System der günstigste Erfolg nachgerühmt, insbesondere das beinahe gänzliche Verschwinden des Haus- und Straßenbettels, das wiedererwachende Interesse der Bevölkerung für die Mitwirkung bei der Armenpflege, die Abnahme des Aufwandes für Zwecke der Armenpflege bei wesentlicher Besserung und die notwendige Änderung der Grundsätze der Beteiligung bei den sonstigen Pflegeorganen, sowie bei der Privat- und Vereinswohltätigkeit.

Und so kehren wir zu dem Ausgangspunkt unserer Betrachtung zurück, indem wir feststellen, daß überall da, wo das E. S. in seiner reinen Gestalt durchgeführt werden konnte, die gleichen Erfolge wie in Elberfeld selbst bemerkt werden konnten und daß auch da, wo die Durchführung in dieser reinen Form aus Gründen der historischen Entwicklung, der Lage der Gesetzgebung, dem Zustand der Armenverwaltung nicht möglich ist, die Befolgung seines wesentlichsten Grundgedankens nicht ohne Wirkung blieb, des Grundgedankens, den in alter und neuer Zeit wahre Freunde der Armen in dem Worte zusammenfaßten: **Hilfe von Mensch zu Mensch**.

---

[1] Vergl. Münsterberg, Ausländ. Armenwesen. Schriften b. D. V. f. A. u. W. 1898 Heft 35 S. 18 ff. und 1901 Heft 52 S. 14 ff. und S. 39 ff.

Printed by Libri Plureos GmbH
in Hamburg, Germany